“미래의 비즈니스는 진심과 [illegible] 결과물이다.”

곽상철

(전) 두산 사장

비즈니스 현장과 삶에서 열정을 갖는 것은 무엇보다 중요하다. 때로는 좌절할 때도 있고 세상이 자신에게 돌을 던질 때도 있다. 하지만 우리는 위기 상황 속에서 기회를 찾고 자신의 그릇을 키워가는 미래를 선택해야 한다. 이 선택이 바로 비즈니스와 삶을 연결시키는 진심이다. 이 책은 위기 속에서 기회를 찾고 가슴 뛰는 삶을 끊임없이 찾아가는 여정이 담겨있다. 〈열두 진심〉의 깨달음을 통해 '진짜 나'를 발견하고 후회 없는 삶을 향해 질주하는 이야기가 비즈니스 현장과 삶에 정성을 다하는 모두의 가슴을 뛰게 할 것이라 확신한다. 그리고 응원한다.

“비즈니스와 삶의 갈림길에서 진심을 만나다.”

하광용

(전) 쌍용자동차 부사장

전 세계의 비즈니스 현장은 경계를 넘어 혁신을 이끄는 자들의 꿈과 열기로 가득하다. 수없이 많은 시도와 실패에도 도전을 멈추지 않으며, 비즈니스와 삶을 새로운 차원으로 이끌고 있다. 순서를 파괴하고 한계를 넘는 그들의 열정이 어떻게 발전해가는지를 나는 〈열두 진심〉을 통해 엿보고 있는 듯한 느낌을 받았다. 또한 그 열정의 한가운데에서 고민하고 도전하고 발전해 나가는 작가의 진실한 삶이 그대로 이 한 권에 녹아 있어 더욱 마음에 와닿는다. 〈열두 진심〉은 비즈니스와 인간의 삶에서 진심에 대한 명쾌한 패러다임으로 우리의 가슴을 뛰게 함에 일독을 권한다.

가슴 뛰는 삶을 향해

열두 진심

와일드북

와일드북은 한국평생교육원의 출판 브랜드입니다.

가슴 뛰는 삶을 향해 열두 진심

초판 1 쇄 인쇄 · 2024년 02 월10 일
초판 1 쇄 발행 · 2024년 02 월14 일

지은이 · 열두 진심 서작가(서형덕)
발행인 · 유광선
발행처 · 한국평생교육원
편 집 · 장운갑
디자인 · 박형빈

주 소 · (대전) 대전광역시 유성구 도안대로589번길 13 2층
(서울) 서울시 서초구 반포대로 14길 30(센츄리 1차오피스텔 1107호)
전 화 · (대전) 042-533-9333 / (서울) 02-597-2228
팩 스 · (대전) 0505-403-3331 / (서울) 02-597-2229

등록번호 · 제2018-000010호
이메일 · klec2228@gmail.com
instagram @wildseffect

ISBN 979-11-92412-64-1 (13190)
책값은 책표지 뒤에 있습니다.

가슴 뛰는 삶을 향해

열두 진심

열두 진심 서작가(서형덕) 지음

|프롤로그|

한 남자가 토요일 새벽에 운전하고 있다. 2019년 여름의 끝자락! 엔지니어로서 회사에 다닌 지 어언 18년! 그의 출근길이 왠지 무겁다. 아픔을 겪은 회사는 10년 만에 또 같은 위기를 겪고 있다. 매번 운전하는 출근길이 오늘따라 조금 더 쓸쓸함을 안긴다. 한 가정의 남편으로, 세 아이의 아빠로 정말 노력하고 공부하며, 열심히 살았는데…….

10년 전과 많이 달라지지 않은 상황들에 씁쓸함이 밀려온다. 가뜩이나 전날 아내와 싸운 후의 고독함이 창밖으로 스쳐 지나간다. 상처 입은 호랑이의 새벽 출근길이다.

tvN 드라마 〈미스터 선샤인〉의 OST 〈좋은 날〉이라는 노래가 라디오에서 흘러나온다. 지나온 많은 날이 스쳐 지나간다. 좋은 날과 힘든 날이 그를 뒤흔들고 무엇인가 모른 감정의 덩어리가 울컥 올라온다. 그리고 뭔지 모를 아픔의 흔적들이 눈에서 흘러내린다.

'아! 진짜 열심히 살았는데…… 도대체 무엇이 잘못된 것일까?'

한계에 부딪힌 그의 일상과 회사!

그 순간 흘린 그의 눈물은

깊은 곳에 묻어둔 자신의 꿈을 두드리고

더 이상 물러서지 않는 지금을 만들어간다.

'의미 없음'을 버리고 '의미 있음'에 도전하고 싶은 그의 욕망!

자신의 내면을 깨우고 더 넓은 세상에 치열하게 부딪히고 싶은 그의 도전!

하지만 세 아이 아빠인 그의 도전은 무모하지 않아야 했다.

그래서 그는 어떤 순간에도 그의 길을 비춰줄 무엇인가를 찾아 헤맨다.

또다시 닥쳐온 회사의 위기!

그 위기 앞에 그는 지금 무너지는 회사와 싸우고 있었다.

무너지는 사람들의 마음과 싸우고 있었다.

막막함이 밀려올 때가 대부분이었지만 막막함을 기적으로 바꾸는 새벽의 문을 연다.

그는 새벽의 힘으로 회사에 하나하나의 돌을 놓기 시작한다.

자신이 할 수 있는 모든 것을 시도한다.

자신이 바라보는 시작점에 긍정을 끌어들이며 희망의 불씨를 지핀다.

그런 그에게 돌연히 찾아온 5개의 질문!

그리고 19년의 회사에 던진 육아휴직!

그 속에 펼쳐지는 좌절!

그에게 벌어진 일은 과연 무엇일까?

도전과 좌절의 끝에서 그는 드디어 일과 삶이 일치하는 삶을 살아가기 시작했다.

그리고 후회 없는 인생을 살아가기 위한 '열두 진심'의 문을 활짝 열어젖힌다.

그 열두 진심의 세상은 누구도 그 무엇에도 두려움을 허락하지 않는 당당함과 자신의 미래에 대한 도전을 끌어들인다.

그리고 사랑으로 시작하는 가슴 뛰는 삶을 열어간다.

지금부터 그가 만든 아니 우리가 만드는 열두 진심으로 함께 여행을 떠날 것이다.

기대하라. 지금부터 당신의 진심이 울릴 것이다.

가슴 뛰는 삶을 시작하며…….

|프롤로그 설명|

세상에는 열두 가지 진심이 존재한다.

사랑의 씨앗으로 탄생한 인간은 우주와 연결된 사랑에서 부모와 연결된 세상을 만나게 된다. 세상의 신비함을 웃고 울고 맛보고 뒤집으며 만나게 된다. 이런 세상 속에서 만난 첫 번째 관계가 바로 부모다.

부모의 체온 눈빛 손길에 아이들은 두뇌발달과 생각의 속도가 폭발적으로 변하게 된다. 이런 부모와 관계 속에서 아이들은 스스로 독립을 외치며 성장한다. 대자연과 뛰어놀고 다치고 아물면서 성장한다. 성장의 과정에서 아이들은 사회를 만나게 되고 함께 살아가는 법을 배운다. 그 배움 속에서 서서히 자신을 발견해가고 순간순간 삶의 방향을 자신의 의지로 틀게 된다. 바로 결정의 순간순간을 지나는 것이다.

성장의 과정에서 배움과 결정으로 아이들은 작고 소소한 질문들을 배운다. 그리고 그 질문은 갈수록 커지게 되고 '나는 어떤 사람으로 살아갈 것인가?'라는 질문을 향하게 된다. 배우고 결정한 경험에 질문을 더해서 진짜 자신을 향한 도전을 시작한다.

도전과 실패의 양면성을 경험하면서 좌절도 하게 된다. 하지만 서서히 느낀다.

'도전하지 않으면 현재의 나는 미래의 내가 될 수 없구나!'

도전은 항상 뜻밖의 결과를 만든다. 더 큰 기회를 만들기도 하고 생각의 빅뱅을 만들기도 한다. 하지만 높이 올라간 후의 실패는 그만큼 쓰다는 사실도 알아야 한다.

도전은 일상과 항상 싸움한다. 그 싸움에서 이긴 쪽에 따라 성공이 열매를 딸 것인지 아니면 실패의 열매를 딸 것인지가 결정된다. 하지만 깨달아야 한다. 실패는 몇 퍼센트 부족한 성공이라는 것을 깨달아야 한다.

도전의 성공과 실패는 우선순위에 따라 결정된다. 도전은 하면서 우선순위가 없는 삶을 산다면 그것은 허풍쟁이밖에 되지 않는다.

도전이 우선순위와 만나면 어떻게 될까? 바로 좋은 습관이 된다. 건강한 습관은 책 읽는 습관, 경청하는 습관, 배움을 돈으로 바꾸는 습관과 같은 좋은 습관을 만들게 되는 것이다.

여러분은 도전을 통해 얻은 습관이 있는가? 많으면 좋겠다. 그래야 여러분의 미래가 더 평화로워질 테니까.

강함은 약함을 만들고 약함은 강함을 만든다. 그리고 물은 위에서 아래로 흐른다. 그런데 이런 흐름에는 나눔과 행복의 길이 연결되어 있다. 기쁨은 기쁨으로 슬픔은 슬픔으로 연결된다. 그 연결의 끝에 우리는 같이의 행복을 만들어야 한다. 결국 혼자만의 삶은 외롭다.

사람에서 얻는 에너지와 물질에서 얻는 에너지는 차원이 다르다. 그래서 마지막은 우리가 함께 잘사는 세상을 만드는 곳과 연결되어 있어야 한다.

열두 진심 서작가

|차례|

3장 후회하지 않으려면 알아야 할 8가지

4장 열두 진심, 우주를 내 편으로 만들다

5장 JUST 1year, 진심이 이끄는 새로운 세상

1장

이제 잃을 건 의미 없는 삶뿐이다

한계에 부딪힌 그의 일상과 회사!
그 순간 흘린 그의 눈물은 깊은 곳에 묻어둔 자신의 꿈을 두드리고
더 이상 물러서지 않는 지금을 만들어간다.
그 가슴 뛰는 드라마가 지금부터 시작된다.

01
정말 이대로 주저앉을 것인가

한 남자가 토요일 새벽에 운전하고 있다. 2019년 여름의 끝자락! 엔지니어로서 회사에 다닌 지 어언 18년! 그의 출근길이 왠지 무겁다. 아픔을 겪은 회사는 10년 만에 또 같은 위기를 겪고 있다. 매번 운전하는 출근길이 오늘따라 조금 더 쓸쓸함을 안긴다. 한 가정의 남편으로, 세 아이의 아빠로 정말 노력하고 공부하며, 열심히 살았는데…….

10년 전과 많이 달라지지 않은 상황들에 씁쓸함이 밀려온다. 가뜩이나 전날 아내와 싸운 후의 고독함이 창밖으로 스쳐 지나간다. 상처 입은 호랑이의 새벽 출근길이다.

tvN 드라마 〈미스터 선샤인〉의 OST 〈좋은 날〉이라는 노래가

라디오에서 흘러나온다. 지나온 많은 날이 스쳐 지나간다. 좋은 날과 힘든 날이 그를 뒤흔들고 무엇인가 모른 감정의 덩어리가 울컥 올라온다. 그리고 뭔지 모를 아픔에 흔적들이 눈에서 흘러내린다.

'아! 진짜 열심히 살았는데…… 도대체 무엇이 잘못된 것일까?'

2019년 뜨거운 여름의 중턱에서 40대의 남자는 뜨거운 눈물을 흘렸다. 꿈의 방향을 정하기 전에 취업해야 했고, 직장의 안정을 얻기 전에 결혼했고 세 아이를 키웠다. 멋진 남편, 잘 놀아주는 아빠, 항상 웃으며 사람들에게 용기와 희망을 주는 동료의 삶을 살고 있는 그의 눈에도 눈물이 흘렀다. 그 눈물에 담긴 의미는 무엇일까? 무엇이 그의 눈물을 멈추지 않게 했을까?

대한민국 40대 남자에게 '눈물'이란 나약함의 상징이다. 치열한 경쟁의 사회에서 나약함이란 곧 경쟁에서 패배를 말한다. 어쩌면 일에서 존재의 의미까지 잃어버리는 상황을 맞이했다는 뜻이다. 이런 패배와 주저앉는 상황이 인생에 몇 번이나 찾아올까? 그 혼자만의 아픔일까?

그렇지 않다. 이런 아픔은 항상 찾아온다. 작게, 크게, 깊게, 얕게 우리의 일상을 뒤흔들고 자신이 믿었던 삶의 의미마저 뒤흔든다.

'그렇다면 어떻게 해야 한단 말인가? 그냥 이대로 주저앉아야

하는가? 아니면 벌떡 일어나야 하는가?'

한 남자! 세 아이의 아빠는 벌떡 일어나는 것을 또다시 선택해야 했다. 2007년부터 시작된 독서는 2009년에 더 치열해졌다. 출퇴근 버스 안에서 책을 읽기 시작했고, 수없이 많은 책을 읽고 정리했다. 그리고 마침내 그는 인생의 첫 초고를 2016년에 완성했다.

'초고는 걸레다'라는 말이 있지만 그의 초고는 인생의 길잡이였다. 독학으로 쓴 초고는 2년이 지난 후에 책 쓰기와 출판 공부를 하고 난 이후 비로소 《즐겁게 일하는 사람은 1%가 다르다》라는 책으로 나오게 되었다.

'작가님! 작가님!'이라는 말을 들었을 때 그는 무척 기분이 좋았다. '아! 드디어 작가의 꿈을 이루었다.'라는 벅찬 감정이 들었다. 그동안의 노력에 대한 보상으로 '작가'라는 제2의 타이틀은 그에게는 큰 무기였다. 하지만 처음에 느꼈던 감정은 회사라는 일상의 치열함과 가장이라는 무게에서 맞지 않은 옷을 입은 것 같은 느낌으로 다가왔다.

'어! 왜 이런 느낌이 자꾸 드는 것일까?'

이 질문에 대한 대답을 그는 스스로 찾아야 했다. 하지만 일상은 이 질문에 대한 깊은 고민의 시간을 허락하지 않았다. 그리고 또다시 닥쳐온 회사의 위기는 인생의 위기로 번져갔다.

'아! 정말 또다시 이 과정을 겪어야 한단 말인가.'라는 푸념과 함께 한숨이 나왔다. 떠나는 사람과 남는 사람, 그리고 터져 나오는 불만과 불평의 하루하루, '이제는 더 이상 살리기 힘들다.'는 사람들의 마음이 스쳐 지나갔다. 그리고 어느 순간 '작가의 삶'을 외면한 채 일상을 허덕이며 살아가는 자신을 발견할 때마다 그의 심장에는 상처가 하나씩 새겨졌다.

'아! 정말 이대로 주저앉아야 한단 말인가?'

02
늘 가던 길로만 가면 삶은 달라지지 않는다

그의 머릿속에 한 장면이 스쳐 간다. 제주도의 바닷가! 석양이 쏟아지는 바다에서 물놀이하는 아이들의 한없이 밝은 웃음소리가 그의 마음을 밝힌다.

2015년 12월 저녁이었다. 늦둥이 셋째의 출산 이후 더 바쁜 한 해를 보내던 중이었다. 막둥이를 재우고 조금은 여유를 갖는 시간에 나를 바라보는 아내의 의미심장한 표정이 느껴졌다.

"자기야! 우리 내년에 제주도 한 달 놀러 갈까?"

"한 달? 그래, 가자."

아내가 제주도 한 달살이를 제안하는 순간 그는 무척 고마웠다. 서로가 지칠 때면 아내의 현명함은 여행을 제안한다. 막둥이의 육아와 회사 일에 지쳐가던 우리 부부에게는 새로운 시간이 필요했다. 세 아이를 선물한 아내의 제안에 그는 흔쾌히 '콜'을 외쳤다. 그리고 아내는 8개월 전에 숙소를 예약했다. 그렇게 다섯 가족의 제주도 한 달살이 준비는 시작되었다.

"팀장님! 저 내년에 제주도 한 달 여행 갑니다."

"내년 일을 벌써! 그래."

"허락하신 겁니다. 감사합니다."

그렇게 그는 8개월 전부터 팀장에게 보고를 하고, 여행 동안의 업무 공백을 해결하기 위해 사전에 일을 처리하기 시작했다. 주말에도 일하며 차근차근 여행 준비를 했다. 때마침 3월에 휴가계획을 보고하던 중 7월 말부터 8월 말까지 휴가계획을 팀장에게 보여드렸다. 팀장은 "진짜 가는 거야? 책상 없어진다." 하면서 너스레를 떨었다.

아내는 몇 달 전부터 여행 가방을 주문했다. 책을 사서 보며 여행 계획을 세웠다. 그리고 한 달 전이 되자 여행 가방이 거실에 펼쳐졌다. 하루가 지날 때마다 여행 가방에 뭔가 하나씩 차기 시작했다.

"자기야! 왜 이렇게 빨리 짐을 싸?"라고 묻자 아내는 대답했다.

"준비하면서 설레고 즐겁잖아."

그렇게 아내의 지친 육아가 여행의 설렘으로 채워지기 시작했다. 아이들도 나름대로 놀러 갈 곳, 먹고 싶은 것, 타고 싶은 것에 대한 계획을 세웠다. 새로 산 수영복도 입어보며 세 보물도 설레는 여행을 준비했다. 그리고 2016년 7월 28일 새벽 5시 다섯 가족은 '제주도로 출발'을 외쳤다.

제주도 여행 전에 그의 삶은 위태로웠다. 누군가의 생각으로 만들어진 공간과 사람들 그리고 끊임없이 계속되는 일들! 이 모든 것이 그의 삶을 일상으로 빨아들이고 있었다. 빠져나올 수 없는 회사의 일과 셋째가 태어나며 늘어난 가족의 무게가 그를 끊임없이 밀어붙이고 있었다. 이런 상황에서 "우리 내년에 제주도 한 달 갈까?"라는 아내의 말 한마디로 그는 일상에 종지부를 찍게 되었던 것이다.

'제일 행복한 사람은 하나의 인연에 종지부를 찍고 새로운 삶을 시작할 줄 아는 사람이다.'라는 괴테의 말이 그의 머리를 스쳐 갔다. 출근하고 일하고 퇴근해서 아이들을 보고 가사 일을 마무리하며 녹초가 되어 잠이 드는 일상에 마침표를 찍었다. 그리고 180도 다른 한 달살이가 시작되었다.

새벽에 일어나 바다를 옆에 끼고 떠오르는 태양을 보며 운동을 했고, 책을 썼다. 아이들이 깨어나면 간단한 아침을 먹고 다섯 식구는 종일 여행을 했다. 매일매일 다른 풍경을 경험하고 다른 사람을 만나며 매일 새로운 삶을 살았다. 새로운 환경은 익숙한 자신과 이별하고 새로운 자신에게 눈을 뜨는 하루하루를 선물했다.

제주도 한 달살이는 그의 가족에게 어쩌면 익숙한 것을 버리고 낯선 곳에서 자신을 만나는 시간이었다. 서귀포에서 2주, 동쪽에서 2주를 보내면서 새로운 곳에서 새로운 아침을 맞이했다. 새로움, 호기심, 신기함, 아름다움, 경이로운 풍경, 다른 음식, 모든 것이 새로움을 맞이하는 행복한 시간이었다.

제주도 여행 사진

3년이 지난 지금에 그에게 제주도 한 달살이가 떠오른 이유는 무엇일까? 그것은 바로 '일상의 두려움'이었다. 누군가의 생각이 만든 공간에서 그는 어느새 늘 같은 길을 가고 있는 자신을 발견했다. 늘 가던 길을 당연히 생각하는 자신의 모습과 익숙함이 그의 꿈에 큰 저항이 되고 있었다. 그 저항을 뚫고 미래로 계속 나아가기 위해서는 그에게는 힘이 필요했다. 새로움과 도전에 나를 들어 올리는 힘이 필요했다.

그리고 그 힘의 시작이 '일상의 단절'이라는 것을 그도 알고 있었다.

여행은 다른 길이다. 일상에서 벗어나 다른 길을 가는 경험이다. 새로운 시공간에서 새로운 사람을 만나고 새로운 음식을 먹는 '다른 경험의 총합'이 바로 여행인 것이다. 그리고 가장 중요한 것은 다른 생각의 시간을 가질 수 있는 기회를 가진다는 뜻이다.

그의 가슴은 말하고 있었다.

'다른 무엇인가 필요해. 나의 가슴에 응어리진 욕망의 물고를 트는 시간이 지금 필요해.'

'다른 시간과 다른 삶을 만나는 방법은 어떤 게 있을까?'

여행, 책, 다른 분야의 전문가, 다른 커뮤니티, 강연, 전시회, 이런 것들은 다른 공간을 경험하게 한다. 다른 곳에서 다른 생각을 하게 만든다. 똑같은 일상을 살고, 똑같은 패턴의 시간을 살고 있다면 새로운 시간을 만들어야 한다. 자신의 생각을 키우고 새로운 미래를 만들 수 있는 시간을 만드는 게 반드시 필요하다. 그렇지 않으면 내 생각은 일상에 갇히고 결국 미래를 당겨오지 못한다.

미래를 당겨오려면 새로운 공간, 새로운 시간, 새로운 경험이 필요하다. 새로운 시공간과 경험의 조합으로 새로운 길은 만들어진다. 결국 일상의 의도된 단절이 새로운 생각을 만들고 미래의 자신과 만나는 시간을 허락하는 것이다.

그는 알고 있었다. 자신이 원하는 것을 얻으려면 자신이 제일 좋아하는 것을 끊어야 한다는 것을…….

그만큼 강한 열망이 있어야 하고, 그 열망을 이루기 위한 시간을 확보해야 한다는 것을 그도 알고 있었다. 익숙함을 버리고 심지어 자신이 제일 좋아하는 것까지 끊어야 이룰 수 있다는 것을 그는 깨닫고 있었다.

지금 그는 익숙해진 일상을 버리고 다른 무엇을 선택해야 했다. 계속 밀려오는 질문이 그를 더 이상 일상에 머무르지 못하게 만들고 있었다.

늘 다니던 회사, 늘 가던 길, 이 길의 끝에 무엇이 있을까?

03
거품처럼 사라지는 하루를 어떻게 잡을 것인가

결국 무의미한 시간을 허락했기 때문이다.

'늘 다니던 회사, 늘 가던 길, 이 길의 끝에 무엇이 있을까?'라는 질문이 계속 그의 머리에 맴돌았다. 그리고 그에게 떠오른 것은 '죽음'이었다.

삶에서 끝을 생각하는 사람들은 많이 없다. 어떻게 죽음을 맞으며, 자신의 묘비명을 생각하고 적어 놓고 사는 사람은 드물다. 하지만 그는 알고 있었다. 후회 없는 삶을 위해 지금을 더 값지게 만드는 방법! 그것은 바로 '죽음'을 떠올리는 것이라는 사실을…….

그는 찾아야 했다. 18년간 몸담은 엔지니어의 길! 그리고 들어선 작가의 길! 그 길에서 의미를 찾아야 했다. '의미를 찾지 못한다면 어떻게 해야 할까?'라는 불안감에 눈물이 흘렀지만, 그는 의미를 찾아야 했다. 이 길에서 의미를 찾지 못한다면 지금 그가 걸어온 길이 아마도 거품처럼 사라질 수 있었다. 그가 회사와 함께 걸어온 길은 너무나 소중했다. 아파하는 사람들을 외면하기에는 너무 많은 시간이 담긴 회사였다. 그래서 그는 거품처럼 사라지는 하루를 더욱더 부여잡아야 했다.

운동을 하고 삭감된 월급을 메우기 위해 아르바이트를 했다. 치열하게 책을 읽으면서 책을 썼다. 책을 쓰면서 '나는 어떤 사람으로 살아갈 것인가? 나에게 의미 있는 삶은 어떤 삶인가?'를 치열하게 고민하고 공부했다. 그렇게 공부와 손잡은 글쓰기는 그의 하루하루를 더욱더 튼튼하게 만들어갔다.

"우와! 요즘 정말 너무 바쁘다. 하루가 정말 후딱 지나가 버리는 것 같아."라는 말이 그의 입에서 튀어나왔다.

하루 24시간 꽉 짜인 스케줄로 흘러가는 그의 입에서 나온 말이었다. 하지만 무언가 다른 느낌이 들었다. 하루를 바쁘게 채워가는 반복된 일상을 만날 때면 그의 허무함은 더더욱 밀려왔다. '나의 바쁜 일상이 허무함으로 끝나지 않게 하려면 어떻게 해야 할까?'라는 고민이 들었을 때 그에게 말을 거는 사람이 있었다.

《파리에서 도시락 파는 여자》를 집필한 작가이자 CEO인 켈리 최였다. 2년 전부터 사업공부를 본격적으로 시작한 그가 읽은 책이었다. 그 책을 쓴 그녀가 또다시 말을 걸고 있었다.

"새벽에 일어나서 10분간 명상을 하고, 책을 읽고 플랭크를 하세요. 명상할 때는 3초 들이마시고 3배의 시간인 9초를 내보내는 호흡을 하면서 확언을 하세요.

오늘도 내가 원하는 이상적인 하루가 시작되었습니다.

나에게는 오늘 하루를 가장 이상적으로 끌어당길 힘이 있습니다.

나에게는 오늘 하루를 가장 즐겁고 행복하게 보낼 자격이 있습니다.

그리고 시각화를 하세요. 자기계발, 미래 공부, 운동, 건강한 아침식사와 같은 것도 중요하지만 급하지 않은 일과 회사일, 은행 일과 같은 중요하지만 급한 일을 가장 효율적인 방법으로 끝내는 자신을 상상하고 시각화를 하세요. 시각화할 때는 '100% 상상력을 가지고 한 치의 의심 없이 나의 신념에 넣어야 합니다.'"

그녀는 새벽에 명상과 시각화로 하루를 시작했다. 긍정적인 성과를 이루어 나가는 자신의 하루를 생생하게 상상하고 경험하며 하루를 시작한 것이다. 이런 그녀의 새벽은 하루를 지배하는 중심으로 작용했고 의미 있는 순간들을 채워가는 힘이 되었다. 또한 책을 읽고, 플랭크를 하면서 자신의 두뇌를 깨우고 운동으로 건강한 하루를 시작했다. 명상과 시각화, 책, 운동이 그녀가 그에게 가르쳐준 3가지 성공 비결이었다.

그는 '하루를 신중하게 계획하지 않으면 하루는 거품처럼 사라진다.'라는 것을 이미 알고 있었다. 실천하고 있었다. 하지만 간절함과 치열함을 담은 실천 의지는 약해진 상태였다. 이런 자신을 보게 된 그는 다시 새벽의 기적을 끌어들이기 시작했다. 책을 읽고 책을 쓰며 성공하는 사람들의 습관을 끌어들였다. 고독한 새벽 시간에 물들인 '간절함'은 다시 그의 삶을 우상향하게 만들어갔다.

회사에서 회사 밖에서도 그의 치열함은 계속되었다. 그런데 또 다시 닥쳐온 회사의 위기를 느끼며 이런 생각이 들었다.

'후회하지 않는 인생을 위해 큰 틀을 알고 미래를 잘 준비하고 있는데 회사는 왜 이런 일이 반복되는 것일까? 어떻게 하면 두 번이나 무너진 회사를 더 튼튼하게 만들 수 있을까?'

이런 고민을 하면서 둘러본 주위는 너무 참혹했다. 불평불만과 나쁜 이야기들이 모두의 시간을 잡아먹고 있었다. 이제는 더 이상 그도 가만히 있을 수는 없었다.

'어떻게 하면 회사가 옳은 결정을 하는 데 큰 힘을 보탤 수 있을까? 지금 할 수 있는 단 하나는 무엇인가?'라는 질문을 던지고 답을 찾기 시작했다. 그리고 결심했다.

'그래, 나는 더 이상 회사에서도 무의미한 시간을 허락하지 않을 것이다. 나의 결정이 틀리지 않는다면 나는 내 생각과 능력을 무너지지 않는 회사를 만들기 위해 어떻게든 사용할 것이다. 더 이상 주저하고 기다리지 않을 것이다.'

삶을 변화시키는 것은 쉽지 않다. 하루하루의 목숨과 같은 시간이 그냥 흘러간다. 하지만 그 무의미하게 흘려보낸 시간도 결국 내가 허락한 시간이다. 내가 선택한 공간에서 내가 허락한 시간이다. 그 시간에 의미를 넣고, 넣지 않는 것은 오로지 자신의 결정이다.

어떤가? 당신은 하루의 시간을 어떻게 보내고 있는가? 혹시 그냥 흘러가는 시간을 허락하고 있지는 않은가?

그의 하루가 허무했던 이유는 결국 무의미한 시간을 스스로 허락했기 때문이었다. 하지만 지금 그에게는 간절함이 찾아오고 있었다. 간절함은 그를 매번 결심하게 했다.

'어떤 순간도 나는 무의미한 시간을 허락하지 않을 것이다.'

그리고 곱씹었다.

'이제 내 인생에 후회를 남기지 않는다.'

04
내가 곱씹는 것들의 실체

하루는 신차의 변경된 디자인에 관한 회의가 있었다. 추가된 아이템에 대한 기술적인 검토와 원가 관련 협의가 주요 안건이었다. 설계부서와 사전 검토가 이루어진 상태여서 기술적으로는 큰 문제가 없었다.

"디자인 추가 아이템에 대한 기술적으로는 큰 문제가 없습니다."라고 말한 후에 상품과 디자인, 설계 부분의 원가 관련 협의가 이어졌다.

"이 아이템은 초기 디자인에서 없었습니다. 그러니 원가 3,000원을 할당해 주셔야 합니다."

"부서별로 이미 할당이 완료되었으니 다시 할당해 드리지는 못합니다. 원가 상승에 대해서는 사장님께 직접 보고하셔야 합니다."

"아니, 신규로 디자인이 변경되었으면 다시 할당하고 MBO도 수정해줘야지. 우리는 못 합니다."

그렇게 한 시간이 지났고 원가의 책임소재에 대한 이야기만 끝없이 이어졌다.

"제가 한마디 해도 될까요? 지금 팀장님 4명과 실무 책임자 3명이 3,000원 원가 추가하는 것에 대해 한 시간 반 동안 회의하고 있습니다. 확실한 것은 이 디자인을 고객이 더 좋아하기 때문에 개발은 해야 하고 원가도 필요합니다. 그런데 이 회의를 한 시간 반 동안 네가 원가를 할당해야 하니, 못 하니만 이야기하고 있습니다. 제가 입사해서 20년간 원가회의를 하는 방식이 똑같으니 이거는 정말 문제인 것 같습니다."

그리고 그는 생각했다.

'이러니 회사가 어려워진 거야.'

더욱 어려워지는 회사의 분위기를 뒤로하며 퇴근 버스를 탔다. 회사를 나올 때면 마음이 좋지는 않았지만 그는 '그럼에도 불구하고 내가 할 일은 해야지.'라고 다짐을 하고 집으로 돌아왔다. 퇴근하면서 짬짬이 강의를 듣기 위해 이어폰을 끼고 들어온 그를 보며 아내의 잔소리가 이어진다.

"집에서는 이어폰 끼지 말라고, 사람이 이야기하는데 매번 이야기하면 못 알아듣고 귓등으로 듣고……."

이어폰을 끼고 아차 하는 순간 아내의 잔소리가 날아왔다. 그도 잘못은 인정했다. 하지만 왠지 섭섭한 기분에 푸념을 한다.

“깜빡하고 이어폰 끼고 온 거야. 미안해. 그런데 집에 들어오자마자 잔소리 들으니까 좀 그렇다. 회사의 분위기도 많이 안 좋아. 그런데 집에 오면 애들 싸움에 당신 잔소리, 나도 정말 열심히 살고 있는데 집에 오면 꼭 하나씩 잔소리를 들어. 평소에는 내가 다 참고 자기에게 맞춰 주잖아. 그런데 나도 사람이라 가끔씩 ‘내가 이런 대접을 받아야 하나.’라는 생각이 들어. 나도 정말 요즘은 마음의 여유가 없다고…….”

그의 말이 끝나기가 무섭게 아내의 말이 이어진다.

“나도 요즘은 집에 있으면 정말 미칠 것 같아. 중3인 큰딸은 마지막 시험을 남기고 있는데 유튜브와 카톡으로 방황하고, 작은아들은 잘 씻지도 않고, 막내는 얼마나 말을 안 듣는지……. 정말 집에 오면 나도 좀 쉬고 싶은데 잔소리가 계속 나와. 나도 이러는 내가 싫어.”

한순간에 집안 분위기는 싸늘해졌고, 아내는 이내 방으로 들어가 버렸다.

아이들 밥을 챙겨 먹이고 설거지를 마친 그는 주섬주섬 체육복을 갈아입는다. 머리가 복잡해서 저녁 운동을 나서지만, 자꾸 이런 생각이 든다.

‘진짜 열심히 했는데 회사도 집도 꼬여버렸다. 아! 정말 미치겠다. 숨 좀 쉬고 싶다.’

운동을 하면서 그는 살면서 지나온 많은 것들을 곱씹었다. 그가 곱씹는 것들은 그가 되고 싶은 꿈과 연결되어 있기보다는 다른 무엇인가에 연결되어 있었다. 바로 관계였다. 그는 관계를 맺은 많은 사람과 감정적인 교류를 하고 책임과 역할을 주고받았다. 이런 관계 속에서 그는 자신의 시간을 자신의 미래가 아닌 다른 사람의 미래를 위해 사용하고 있다는 느낌이 들었다.

아내와 만나 결혼하기 전에는 뜨거웠다. 그때는 눈빛만 봐도 두근거리는 가슴에 서로의 사랑은 충만했었다. 하지만 결혼을 하고 생계와 일상을 마주하고, 아이들까지 낳고 나니 정말 그의 시간은 온데간데없이 사라져 버렸다. 아이들을 정말 좋아하지만 하루하루의 시간을 온통 직장일, 가사, 아이들 돌보기로 채웠던 자신이 떠올랐다. 그리고 요즘 문득문득 가장의 무게와 미리 노후를 준비해야 한다는 압박감이 그를 더 뒤흔든다.

'아! 이렇게 계속 지내야 하나! 정말 지친다. 지쳐. 이렇게 10년이 흐르면 어떻게 될까?'

공원을 돌며 운동을 하는 그의 귀에는 이어폰이 꽂혀 있다. 운동을 하며 여러 가지 공부와 책을 쓸 소재를 찾기 위해 유튜브를 듣는 것이 습관이 된 그였다. 지금 그가 겪고 있는 이 감정은 세 아이의 가장이라면 누구나 가지는 감정이라는 것을 그도 안다. 하지만 그는 배움에 무지했던 어린 시절이 떠올랐다. '아이들에게는 더 나은 기회를 제공하고, 스스로 행복을 찾을 수 있는 도전하는 부모가 되어야지.'라는 생각으로 누구보다 열심히 살았던 모습이 스쳐 지나갔다. 쿵쾅대는 심장 소리와 함께 이어폰으로 들리는 목소리가 순간 그의 발걸음을 멈춰 세운다.

데이터 마이너 송영길 대표였다.

"한국사회에 중요한 키워드 3개가 있습니다. 시간, 나이, 돈입니다. 세대별 고민거리를 살펴보면 2030세대는 취업, 아르바이트, 이성친구, 3040세대는 이직, 업무, 아파트, 4050세대와 5060세대는 건강, 운동, 의사, 치료, 부부가 많았습니다. 그리고 맘과 관련해서는 출산, 육아, 유치원, 둘째, 시어머니, 친정이라는 키워드들이 있었습니다. 그런데 여기서 중요한 시간, 나이, 돈이라는 키워드가 동일하게 나왔다는 것은 우리 사회에서 나이와 시간에 따른 경제적 걱정과 고민거리가 우리 국민의 마음속에 자리 잡고 있다는 것입니다."

송영길 대표가 말한 조사의 핵심은 '우리는 사회에서 나이와 시간에 따른 '비교'로 걱정과 고민을 한다.'라는 부분이다. 그와 그의 아내가 곱씹는 것은 상대적인 비교에서 느끼는 '감정적인 소외감'이다. 감정적 소외감은 때로는 우울증으로 나타나기도 한다. 스스로 충만한 상태를 만들지 못하고 '감정적인 독립'이 이루어지지 않았기 때문에 우울하고 자꾸 곱씹는 것이 생겨난다.

우리가 곱씹는 이유는 두 가지다. 하나는 상대적 가치 비교이며, 다른 하나는 상대적 감정 비교이다. 우리가 곱씹는 핵심에는 비교하는 마음에 있다. 우리가 곱씹고 있다면 우리는 상대적인 대상에 집중하고 있다는 의미이다. 나 아닌 타인과 상대적인 비교에 소중한 시간을 낭비하고 있는 뜻이다.

내가 비교하고 곱씹고 있다는 상태를 발견했다면 해결방법은 2가지다.

첫째는 감정이란 에너지 공급을 중단하는 것이고, 둘째는 곱씹는 대상을 '나'로 돌려야 한다. 비교의 대상을 나로 바꾸면 새로운 세상을 만나게 된다. 외부적인 비교에서 벗어나 나를 발전시키는 힘으로 변하게 되는 것이다.

하지만 그에게 닥친 현재는 만만치 않았다. 회사와 집에서 벌어지는 일들로 그는 자신의 미래를 준비할 수 없었고, 미래에 대한 불안이 그를 더 힘들게 했다. 가족과 회사의 상황에 매몰된 삶이 자신의 인생을 파트타임으로 만들고 있었다.

그에게는 지금 적정선이 필요했다. 회사와 아내와 아이들과의 관계에서 적정선을 유지하며 자신의 삶에 몰입하는 시간이 필요했다. 결코 그는 타인과 회사에 몰입하며 자신의 인생을 파트타임으로 살기는 싫었다. 그리고 문득 헨리 포드의 말이 떠올랐다.

“Whatever you think you can or you think you can't, you're right.(당신이 할 수 있다고 생각하든 할 수 없다고 생각하든 당신이 옳다.)

이 말을 떠올리며 그는 몸서리치는 한기를 느꼈다. 지금 그가 곱씹는 것이 그대로 그의 인생이 될 것임을 그도 깨달았기 때문이다.

05
파트타임이 부르는 실패한 인생

"Whatever you think you can or you think you can't, you're right.(당신이 할 수 있다고 생각하든 할 수 없다고 생각하든 당신이 옳다.)

-헨리 포드(Henry Ford)

헨리 포드의 말을 되새기며 그는 자신이 곱씹는 것들을 돌아보았다. 그리고 다짐했다.

'회사, 가족, 내 인생 어떤 것에도 후회를 남기지 않을 것이다.'

짙어지는 회사의 암담한 그림자, 그 그림자 속에서 물들어가는 직원들은 늘어나고 있었다. 이런 암울한 상황에서 제대로 된 해법은 고사하고 직원들의 마음을 다독이지도 못하는 회사, 이런 불확실한 시간을 겪는 것은 오로지 직원들의 몫이었다. 하지만 그는 그 과정에서 가만히 있을 수는 없었다.

천금을 줘도 바꾸지 않을 세 아이가 있었다. 나를 바라보고 곁에 있어 준 아내가 있었고, 시골의 부모님도 생각났다. 무엇보다 그는 자신이 스스로를 얼마나 사랑하는지 잘 알고 있다.

자신의 미래를 지금의 어려움 속에 묻어두기에 그는 자신의 인생이 너무나 소중했다. 그래서 그는 곱씹기 시작했다.

'하루빨리 내 미래를 끌어당기기 위해서 나는 무엇을 해야 하는가?'

이 질문에 답하기 위해 그는 곰곰이 생각했다. 그리고 답은 바로 '몰입하는 삶'이었다.

'내가 미래를 바꿀 수 있는 유일한 방법은 몰입하는 삶을 통해 나를 바꾸고 회사를 살리며 가족을 더 튼튼하게 하는 방법뿐이다.' 라는 결론에 다다랐다. 그리고 그는 자신이 가진 24시간을 무엇에 투자할지를 구분하기 시작했다.

'나는 회사에서 8시간, 잠자는 데 4~6시간, 나머지 10시간이 나에게 주어진다. 10시간 중 2시간은 밥을 먹고 운동을 하는 데 쓰니까 나머지 최대 8시간 정도 몰입하는 시간을 가질 수 있다. 새벽에 4시부터 7시까지 3시간의 몰입시간을 가지고, 퇴근 후에 3시간은 무조건 몰입하는 시간을 할애해야겠다. 2시간은 집안일을 하고, 가족들과 함께 시간을 보내자. 그리고 주말은 최대한 8시간 이상

몰입하는 시간을 가질 것이다.'

이런 시간에 이름표를 붙이고 더 몰입하는 삶을 위해 고민을 하던 중 유달리 다르게 느껴지는 시간이 눈에 들어왔다. 바로 '회사에서의 8시간'이었다. 그리고 그의 시선을 끈 조사가 있었다.

'구인구직 플랫폼인 사람인은 최근 기업 576곳을 대상으로 '퇴사율 현황'에 대해 조사한 결과, 기업들의 최근 1년간 평균 퇴사율은 17.9%로 나타났다고 밝혔다. 이는 지난해 같은 조사 결과보다 0.9%p 상승한 수치다.

퇴사율이 가장 높은 연차는 '1년 차 이하'(48.6%)인 것으로 나타났다. 퇴사자 두 명 중 한 명이 1년 정도 안에 사직서를 내고 있다는 것이다. 이어 2년 차(21.7%), 3년 차(14.6%), 5년 차(5.1%) 등의 순으로, 연차가 낮을수록 퇴사자가 많이 발생하고 있었다.

퇴사자가 가장 많은 직무는 '제조/생산'(20.9%)이었으며, '영업/영업관리'(16.3%), '고객 서비스'(12.6%), 'IT/정보통신'(6.9%), '연구개발'(6.3%) 등이 꼽혔다.

퇴사자들이 밝힌 퇴사 사유로는 이직(41.7%, 복수응답), '업무 불만'(28.1%), '연봉 불만'(26.2%), '잦은 야근 등 워라벨 불가'(15.4%), '복리후생 부족'(14.8%), '상사와의 갈등'(14.6%) 등이 많았다.'

–2019년도 사람인 조사 〈CBS 노컷뉴스〉

그는 기사를 읽고 입사 1년 이하의 사람들은 퇴사를 먼저 생각하며 일을 하고 있다는 느낌을 받았다. 그리고 생각했다.

'첫 직장의 중요성은 분명히 있다. 자신의 적성과 미래를 확실히 세우고 직장에 입사하는 사람들은 많지 않다. 이런 이유로 이직이 발생하지만 목적이 불분명하고 돈을 좇는 이직의 결과는 언젠가는 후회를 남긴다. 직장을 파트타임으로 다닌다면 그 직장에서 몰입하지 못하는 것은 자명한 일이다. 누군가는 직장에서의 8시간을 파트타임으로 생각하고 누군가는 생명과 같은 풀타임으로 생각한다. 직장에서의 8시간을 파트타임의 마음가짐으로 일한다면 어떻게 될까? 그 사람이 정말로 원하는 풀타임 일을 할 때 어떤 자세로 일할 수 있을까? 하루일과 중 가장 집중할 수 있는 8시간 동안 흐트러진 몸과 마음이 다른 시간대에 100% 몰입할 수 있을까? 나는 없다고 본다. 결국 직장에서 파트타임으로 일하는 사람은 자신의 인생에서도 몰입하지 못할 것이다.'

이런 생각의 끝에 다다를 무렵 그는 결심했다.

'아무리 회사에서 월급을 받고 일하지만 이 시간도 나의 생명을 투자하는 시간이다. 여기서 몰입할 수 없다면 내 인생에 몰입할 수 없다. 내 가족과 삶의 안전판인 회사가 흔들린다면 이제는 이 8시간 중 1분 1초도 헛되이 보내지 않겠다. 다시는 안전판이 부서지지

않게 만들 것이다.'

그렇게 그는 사업에 대한 철저한 공부를 시작했다. 또한 회사에서 기회를 만들며, 더 큰 책임에 손 내밀었다. 그리고 깨달아 갔다.

'내 인생에 풀타임 일은 무엇일까?'

회사에서 엔지니어로서의 그의 삶은 풀타임 워커였다. 하지만 그는 회사의 운명을 결정하는 풀타임 워커는 아니었다. 분명히 한계가 있었다. 그리고 그는 생각했다.

'엔지니어로서는 회사의 운명을 결정하지는 못하겠구나!'

06
한계를 예측하지 못해서 벌어진 일들

그는 여느 공대생들과 비슷한 삶의 여정을 살았다. 시골 초등학교, 남중, 남고, 공대를 졸업하고 자동차회사 엔지니어로 18년간 일했다.

누군가의 삶 속에는 그 사람의 한계가 담겨있다. 그 한계를 알지 못하면 그 사람의 미래 또한 알지 못하는 벽에 막히게 된다. 그에게도 한계는 있었다. 엔지니어로서 경지에 이르기 위해 많은 시간을 투자해야 했기에, 회사의 운명과 존망에 대해 공부할 시간은 턱없이 부족했다. 하지만 책을 통한 배움의 확장은 그와 지금의 회사에 수없이 많은 질문을 던지게 했다. 그리고 더 깊은 배움으로 그를 이끌었다.

'회사를 움직이는 힘은 어디에서 오는 것일까?'

수없이 던진 이 질문에 대해 책에서 얻은 답은 바로 '영향력과 통제력'이었다. 누가 영향력을 미치고 누가 통제력을 미치는가에 따라 회사는 경영된다. 그런데 그가 그것을 깨닫기까지 18년이라는 세월이 걸렸다. 엔지니어로서 전문가가 되는데 10년 이상이 걸렸고, 전체를 파악하는 데 8년이 걸렸다. 그리고 그 중심에 '영향력'과 '통제력'이 있다는 것을 18년이 지나서 알게 된 것이다.

'영향력'과 '통제력'을 알지 못하면 무슨 일이 벌어질까? 바로 한계에 부딪히게 된다. 한계를 느낀다는 것은 자신의 영향력과 통제력 밖에서 일이 일어나는 것을 의미한다. 이런 한계는 성장의 순간순간 수없이 만나게 된다.

그의 회사 생활은 치열했다. 신입사원 중에 1년에 358일을 일해서 최고 연봉을 받고 최연소 진급을 했으며 기존의 고참들이 하기 힘든 것들을 해나갔다. 프로젝트 진행에 대한 표준과 체계를 만들고 자료의 데이터베이스화를 진행했다. 더불어 6년 동안 1,000페이지 분량의 자동차 생산기술 교안까지 만들었다. 또한 자동차 전장시스템의 테스트 라인에 대한 표준화된 테스트 방식과 공장건설, 설계품질결정구조 표준화와 같은 엔지니어로서의 두각을 나타냈다. 하지만 그는 회사의 아픔을 겪고서 두 가지 질문을 던졌다.

"어떻게 하면 다시 무너지지 않는 회사를 만들 것인가?"

"회사의 존망을 좌우하는 결정은 어디서 이루어지는가?"

이 두 가지 질문을 생각하며 일의 표준을 바꾸고, 사람을 키우며, 팀을 바꿔갔다. 하지만 그는 느끼고 있었다.

'엔지니어로서 회사를 바꾸는 것은 한계가 있구나!'

회사를 위한 제안을 해도 엔지니어의 제안은 회사를 움직이지 못했다. 회사의 존망을 결정하지 못했다.

회사를 움직이는 것을 배우고, 한계를 타파하는 일은 다른 영역이었다. 그래서 그는 책을 읽고 또 읽으며 어떻게 하면 회사를 살리고, 어떻게 하면 능력을 인정받아 빠른 성장을 할 수 있을까를 고민했다.

'고민은 고민으로 끝나면 안 된다. 어떻게든 결론으로 이어져야 한다.'라는 엔지니어로서의 끈질김은 독서에서 치열한 책 쓰기로 이어졌다.

12년간의 독서, 3년간의 책 쓰기로 결국 그는 책을 출판하게 되었다. 《즐겁게 일하는 사람은 1%가 다르다》라는 책이었다. 이 책에는 그의 꿈이 들어있었다.

'나는 세계에서 가장 행복한 자동차 회사를 만들 것이다.'

이런 그의 노력에도 2021년 회사는 또다시 위기를 안겨주었다. 기울어져 가는 회사지만 미래의 제품에 영향력을 행사했고, 더 좋은 회사를 만들기 위한 영향력 확장은 계속되었다. 벽을 넘는 계속된 도전은 성과로 이어졌다. 하지만 수없는 부딪힘 속에 전해지는 분명한 한계는 있었다.

비슷한 경로는 비슷한 미래를 만든다. 그런데 만약 한계를 넘는 다른 미래를 원한다면 어떻게 해야 할까? 땅에다 커다란 앵커를 박아야 한다. 그리고 방향을 '확' 틀어야 한다. 자신이 밟고 있는 땅이 안전하기를 바라면서 방향을 트는 데는 한계가 있다.

그래서 그는 방향을 틀 커다란 앵커를 다시 박았다. 그리고 다짐했다.

'이제는 어떻게든 길을 열 것이다.'

그는 18년의 엔지니어 생활로 수없이 많은 문제를 해결하며 성장했다. 문제를 극복한 18년이라는 시간은 한계를 이겨내고 부숴버린 축적의 시간이었고, 몸이 기억하고 있었다. 그래서 그는 한계에 부딪힐 때면 생각이 아닌 몸이 먼저 반응한다.

'지금 이 한계의 순간을 극복하기 위해 '다른 시각'으로 통찰을 얻어야 한다. 나의 '영향력과 통제력'을 넓혀서 또 다른 깨달음 얻어야 해.'

그리고 그의 몸은 조금씩 떨리고 있었다.

'한계는 내 마음속에서만 존재한다.'라는 사실을 떠올리면서 그는 다시 한번 자신에게 질문을 던졌다.

'어떻게 하면 이 한계를 돌파할 수 있을까?'

07
문제는 돈이 아니라 생각이다

'어려움은 항상 길을 만든다.'

그가 어려움을 만나면 떠올리는 말이다. 하지만 예기치 않은 또 다른 변수는 계속 이어졌다.

코로나 이후 이어지는 경기 침체!

'대량 해고 사태!

결국 그에게도 회사의 한계, 가정의 한계, 돈의 한계, 사회의 한계까지 덮쳤다. 그리고 그의 일상도 돈에 몰리게 되었다.

코로나가 시작되면서 그에게는 다른 일이 하나 더 생겼다. 바로 배달이었다. 삭감된 월급과 더 이상 마이너스의 삶을 살지 않겠다는 생각으로 쿠팡 아르바이트를 시작했다. 처음에는 주말 배달을 했다. 하지만 익숙해지고 난 다음에는 평일에도 조금씩 일을 했다.

처음에는 돈을 벌어 이 흔들리는 상황을 빨리 끝내고 싶은 생각에서 시작했다. 더불어 배달을 하면서 운동을 하고 몸과 마음을 더 단련해 갔다.

쿠팡이츠가 오픈되면서 그는 음식배달도 했다. 사업공부와 배달을 병행한 그는 '이 식당의 핵심경쟁력은 뭐지?'라는 질문을 항상 던졌다. 식당들의 메뉴와 배달이 잘 되는 시간, 매장의 배치와 주요메뉴 등 많은 것들을 공부해 갔다. 책상에서 배운 사업에 대한 실전 감각을 배달을 통해 경험할 수 있었다.

그러던 중 그의 아내가 그를 보면서 한마디 했다.

"언제까지 그렇게 할 거야?"

평소 과묵한 그의 아내가 그를 보면서 던진 한마디였다. 글 쓰는 것을 좋아해서 작가가 된 그가 배달하는 것을 보면서 내심 속이 많이 상했던 아내였다.

그는 아내에게 특별한 말을 하지 않았다. 그저 잘 해주고 싶고, 더 노력해서 빨리 안정적인 상황을 만들고 싶었던 그였다. 배달하면서 조금의 돈은 들어왔다. 하지만 아내의 말을 들은 후 왠지 맞지 않은 옷을 입은 듯한 느낌은 계속되었다.

결국 그는 아르바이트를 그만두었다. 그리고 다시 책을 들고 다시 글을 써 내려갔다. 그동안 미루었던 디지털 공부를 하고 자신의 영역을 넓혀갔다.

책을 읽고 책을 쓰면서 책이 그에게 말하는 단 하나가 있었다.

'이 고난이 나에게 줄 선물은 무엇일까?'

'그 선물을 통해 나는 얼마나 성장할 것인가?'

그리고 결국 그는 깨달았다.

'내가 허락한 생각으로 나는 나의 삶을 선택한 것이다.'

삶과 돈의 무게에서 그는 생각보다 돈에 힘을 실어 줬던 것이다. 그리고 문득 그가 존경하는 김승호 회장이 떠올랐다.

김승호 회장은 한 번도 월급을 받아 본 적이 없었다. 7번의 사업 실패, 8번째 성공으로 세계에서 가장 큰 도시락 회사의 사장이 되었다. 김승호 회장을 떠올리며 《돈의 속성》이란 책을 꺼내 들었다. 책 속의 한 줄이 눈에 들어왔다.

"나는 미래의 가치가 증대되는 물건을 산다."

돈에 고민하던 그는 유난히 이 구절이 들어왔다. '나는 나의 미래 가치를 어떻게 증대시키고 있는가?'라는 생각으로 이어졌다.

작가가 쿠팡 아르바이트를 하는 것은 자존심을 내려놓는 쉽지 않은 일이었다. 하지만 그 경험이 자신에게 도움이 되리라는 것은 그도 잘 알고 있었다. 반면 자신이 스승으로 생각하는 김승호 회장의 투자 원칙에서는 맞지 않는 행동이었다. 그래서 조금은 부끄러워졌다. 김승호 회장은 자신의 투자 원칙을 이렇게 이야기한다.

1. 빨리 돈을 버는 모든 일을 멀리한다.

2. 생명에 해를 입히는 모든 일에 투자하지 않는다.

3. 투자를 하지 않는 일을 하지 않는다.

4. 시간으로 돈을 벌고 돈을 벌어 시간을 산다.

5. 쫓아가지 않는다.

6. 위험에 투자하고 가치를 따라가고 탐욕에서 나온다.

7. 주식은 5년, 부동산은 10년

8. 1등 아니면 2등, 하지만 3등은 버린다.

김승호 회장과는 반대로 그의 선택은 빨리 돈을 버는 일이었다. 돈을 좇아가는 일이었으며 자신의 인생을 위한 1등 선택은 아니었다. 문득 떠오르는 스승의 눈빛에 그는 부끄러웠다. 그리고 다시 책으로 돌아왔다. 자신의 생각을 정리하고 스승의 어깨에 올라가기 위해 생각의 힘을 키우기 시작했다.

'모든 것은 생각에서 시작되는 거야. 나도 처음에는 책을 많이 읽었고 책의 내용을 책 표지 앞장에 적었으며 책의 내용을 필사했어. 그리고 책을 썼잖아. 내가 읽은 수많은 책, 내가 쓴 책이 말하는 하나의 메시지는 무엇일까? 내 성공의 갈망을 채워줄 하나의 메시지는 뭐지?'

많은 질문이 들었지만 그는 알고 있었다. '혼자만의 고독과 공부가 결국은 길을 연다.'라는 것을 알고 있었다. 그리고 그는 자신만의 메시지를 만들었다.

'내가 잘하고, 좋아하고, 사랑하면 끝까지 하라.'

그의 메시지는 세상을 후회 없이 살아가는 자신을 위한 것이었다. 수많은 책을 읽으면서 책이 주는 메시지를 단 하나만 남기라면 바로 '모든 것이 내 안에 있다.'라는 말이었다. 자신 안에서 잘하고 좋아하고 사랑하는 것을 끝까지 하는 것이 가장 느리지만 가장 빠른 길이라는 것을 그는 또다시 깨닫고 있었다.

결국 문제는 돈이 아니라 생각이었다. 자신에게 돈을 선택하라는 생각을 허락한 것도 자신이며, '지금 상황에서 아르바이트로 돈을 버는 것이 가장 빠른 방법이야.'라는 생각을 허락한 것도 자신이었다. 하지만 잘한 것이라는 것을 그도 안다. 때로는 돈을 벌며 정신없이 땀 흘리며 지내는 하루가 필요하다는 것을 그도 안다. 그리고 그는 감사했다.

자신이 방황한 시간이 길지 않음에 감사했다. 생각의 위대함을 깨달은 것에 감사했다. 그리고 마지막 다짐을 했다.

'생각의 위대함이 내 안에 있다는 것을 결코 잊지 않을 것이다.'

08
이제 잃을 건 의미 없는 삶뿐이다

'내 생각의 위대함은 어디를 향하는가?'

머릿속을 뒤흔든 질문이 길을 찾을 때쯤 그의 눈빛은 빛났다. 지금부터 자신의 생각에 두려움과 불안함을 허락하지 않는 그의 눈빛은 달랐다. 그의 눈빛은 또 다른 결심으로 향하고 있었다.

'지금 이 고난을 온전히 이곳에서 겪을 것인가? 아니면 또 다른 경험을 할 것인가?'

그리고 불현듯 오프라 윈프리의 말이 떠올랐다.

"what is the right next move?(당신이 다음에 해야 할 올바른 결정은 무엇인가요?")

이 말이 밤새 그의 잠을 뒤척이게 했다. 19년을 일하면서 지내온 그의 일터, 그 일터를 닥친 위기! 좀처럼 흔들리지 않는 그도 주위 동료들의 불안과 불평에 집중하지 못하는 날들이 이어지고 있었다. 소중한 40대 가장의 하루와 집중하는 습관이 회사에 오면 무너지는 날들이 계속되었다. 무엇인가 모든 결정의 순간이 그를 끝으로 몰고 있는 느낌이었다. '어떻게 할 거야? 지금 이대로 이 순간을 버틸 거야?'라는 생각이 그를 사로잡았다.

이런 고민을 하던 중 사업을 하던 형님과 술자리를 하게 되었다. 그동안에 있었던 서로의 고민을 주고받으면서 그와 형님 사이에는 뭔가 공통된 연결고리가 생겨났다. 그리고 그 연결고리는 서로의 부족한 부분을 메울 수 있다는 기대감으로 이어지고 있었다.

형님과의 술자리 이후 그는 조용히 생각했다. 술자리의 흥분으로 다른 일을 한다는 것은 너무 무모한 선택임을 그도 알았다. 초등학교 운영위원을 하면서 아내 또한 평소에 "형부, 형부!" 하며 서로 알고 지내던 사이였다.

"요즘 형부 일이 많아 바쁘대. 믿을 사람이 없어서 고민인가 봐."라며 '툭' 던진 아내의 말이 스쳐 갔다.

형님의 사업은 법이 바뀌면서 시장이 확대되었지만 믿을만한 사람이 부족한 상황이었다. 형님과 몇 차례 만남은 계속되었고, 그 고민은 '같이 일 한번 해볼까?'로 이어지고 있었다. 하지만 쉽게 결정할 일은 아니었다. 사전 조사와 일에 대한 판단, 시장의 확장 가능성에 대한 판단도 필요했다. 확신이 필요했다. 하지만 그렇게 시작된 만남은 회사의 한계에 힘들어하던 그에게 조금의 빛과 활력으로 변하고 있었다.

그는 그동안 공부하고 준비했던 사업의 지식을 구체화하며 실전에 적용하기 시작했다. 형님이 운영하는 회사의 사업 안정화와 확장, 새로운 파트너를 구축하기 위한 계획에 그의 지혜를 담아갔다. 회사를 마치고 만나 분석된 자료와 계획을 공유하며 강점은 살리고 부족한 부분을 채울 기회를 만들어갔다.

이런 과정에서 그의 깊은 곳에서는 뭔지 모를 무엇인가가 꿈틀거리기 시작했다. 지금까지의 한계를 부숴버리고 싶은 갈망, 세상을 향한 도전이 꿈틀거렸다. 지금 욕망하는 도전의 끝이 어딘지는 그도 알지 못했다. 하지만 어렴풋이 떠오른 게 있었다. 그토록 바꾸고 갈망했던 '함께 만들어가는 행복한 회사'를 규모는 작지만 만들 수 있을 것 같은 '희망'이었다.

하루하루 힘들어지고 과거의 아픔과 불평불만이 소용돌이치는 회사! 그 회사에 울려 퍼지는 '기회 없음'이란 메아리에 짓눌렸던 그의 마음에 희망의 바람이 불고 있었다.

형님을 만나는 하루하루가 새로운 흥분이었다. 회사의 새로운 모습에 대한 의견을 나누면서 서로가 필요한 부분도 깨달을 수 있었다. 하지만 흥분으로 한 선택, 끝을 모르는 선택은 반드시 후회를 낳는다는 것도 그는 알고 있었다.

새로운 도전에 대한 갈망과 고민은 혼돈 속으로 그를 내몰고 있었다. 한쪽에서는 변화와 가능성으로 충만한 혼돈이 있고, 지금 서 있는 곳은 두려움이 가득한 절제된 질서가 있었다. 도전을 선택하고 혼돈에서 질서를 만들기 위해 그는 '의미'가 필요했다.

'내 인생의 끝은 어디를 향하는가?'

'내 생각의 위대함은 지금 어떤 선택을 해야 하는가?'

그가 던진 질문은 하루하루를 살아가는 삶을 넘어선 것이었다. 많은 것을 잃으면서 살아온 지난 시간과 그 속에서 의미를 찾으려는 몸부림! 잠을 자면서 어제의 고단함을 잊고, 치열한 일상에서 어제의 즐거움을 잊으며, 지독한 슬픔을 치유하기 위해 일상을 살아온 자신을 돌아보았다.

때로는 무엇을 희생하고 때로는 무엇을 얻으며 살아온 그였다. 그래서 그는 작은 희생으로 작은 것을 얻고 큰 희생으로 큰 것을 얻는다는 것을 깨달았다. 하지만 아직 그의 머릿속에는 '준비되지 않은 도전'이 맴돌았다.

'준비되지 않은 도전은 패배를 안겨준다. 하지만 도전하지 않는 삶은 더 큰 위험을 초래한다.'

그는 '후회하지 않는 삶을 산다.'라는 다짐을 한 지 오래였다. 이런 다짐으로 혼돈의 시간이 오면 그는 항상 책을 읽고 책을 쓴다. 자신의 미래를 그리고 자신의 도전을 책 속에서 미리 그려갔다.

'인생은 잃어버린 나를 찾아가는 과정이다. 잃어버린 나는 평화롭고 강하며 도전에 용기를 낸다. 자신이 좋아하고 잘하는 것을 알고 있으며, 그 속에서 다른 사람에게 도움이 되는 삶을 선택한다. 그리고 함께 후회 없이 즐긴다. 이런 후회 없는 인생을 살아가기 위해서 나는 단 하나를 버려야 한다. 그 단 하나는 바로 '의미 없는 삶'이다.'

그렇게 그는 가치 있는 삶, 후회 없는 삶을 위한 여행을 떠난다. 그리고 결심한다.

'나의 도전은 항상 길을 찾는다.'

갈수록 가치를 더하는 것들의 비밀

'의미 없음'을 버리고 '의미 있음'에 도전하고 싶은 그의 욕망!

자신의 내면을 깨우고 더 넓은 세상에 치열하게 부딪히고 싶은 그의 도전!

하지만 세 아이 아빠인 그의 도전은 무모하지 않아야 했다.

그래서 그는 어떤 순간에도 그의 길을 비춰줄 무엇인가를 찾아 헤맨다.

01
내 안의 작지만 분명한 목소리를 들어라

당신은 자신의 삶이 드라마틱하게 바뀌기를 원하는가? 누구나 원한다. 하지만 도전을 통해 삶이 바뀌는 사람은 많지 않다.

그는 '가치 있는 삶'을 원했다. 서로 성장하는 회사를 원했고, 서로 성장하는 동료를 원했다. 하지만 죽도록 힘들었던 기억과 또다시 힘들어지는 회사의 상황을 겪고 있는 지금의 동료들은 자신과 자신의 가정을 챙기기에도 바빴다. 스스로 일어서서 하루하루를 버티는 동료들의 모습이 눈에 들어왔다. 그 또한 버티고 있었다.

새로운 도전을 준비하면서 그는 스스로를 돌아보게 되었다. 큰 꿈을 꾸어야 한다는 것을 그도 안다. 하지만 지금 그에게는 세 보물과 아내를 위해 도전하고 가정의 안정을 지키는 가장으로 다시

서는 것이 절실했다. 한마디로 안정적인 수입을 넘어 부자가 되고 싶은 욕망이 제일 간절했다. 임금이 삭감되고, '회사의 어려움이 가정의 어려움으로 번지지 않는 구조'를 만드는 것을 원했다. 그리고 그는 자신과의 대화를 시작했다.

'삶을 살아가면서 자장 중요한 진실이 있다. 그것은 바로 내가 가장 많이 대화한 사람과 닮아간다는 사실이다. 그렇다면 내가 가장 많은 대화를 하는 사람은 누구일까? 바로 '나' 자신이다. 나는 하루종일 나라는 존재와 대화를 한다. 나의 열정과 의지로 하루를 시작하지만 작은 속삭임에 하루를 망치기도 한다. 그렇다면 지금 '나'는 무엇을 원하고 있는 것일까?'

이런 생각을 하면서 그는 자신의 과거를 돌아보았다. 자신의 과거를 돌아보며 그의 생각과 신념이 자신의 인생을 만든다는 것을 한 번 더 깨달았다. 그리고 또다시 자신의 인생 그래프를 그렸다.

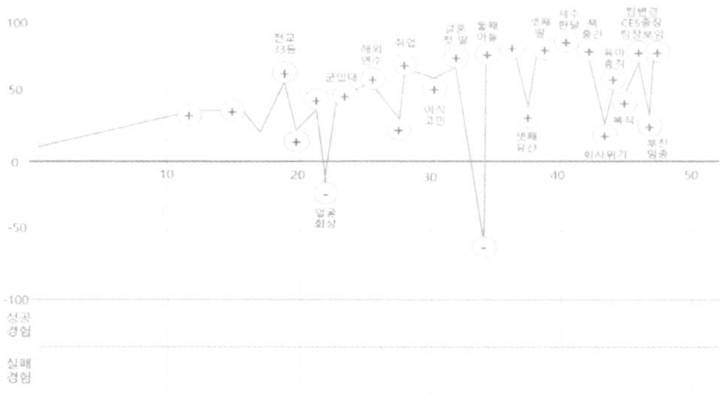

인생 그래프

자신의 인생 그래프를 보면서 그는 확신했다.

'나의 미래는 항상 우상향하고 있구나!'

자신의 그래프에 담긴 경험이 스쳐 가며 그는 몸으로 느끼는 게 있었다. '고난을 극복하고 도전을 준비하는 자신'이 항상 두 가지를 선택했다는 것이었다. 하나는 새벽이고, 다른 하나는 책이었다.

역경을 이겨낸 '그의 새벽'은 주로 책과 함께한 시간이었다. 새벽 기상을 시작한 지는 2016년도부터다. 새벽마다 책을 읽고 책을 쓰기 위해 그는 자신을 일으켰다. 알람은 기본이고, 자다 깨기를 반복하며 아내의 단잠도 수없이 깨웠었다. 습관이 될 때까지 아내의 숙면을 위해 거실에서 새벽을 맞이하는 일도 수없이 많았다. 하지만 그가 만난 새벽은 그를 다른 곳으로 보냈고, 결국 출간하지 않은 초고를 완성하기에 이르렀다. 그리고 2년이 지나서 책을 출판하게 되었다.

그가 작심삼일의 벽을 극복하고, 새벽을 자신의 편으로 만든 결정적이 3가지 이유가 있었다.

첫째는 작가가 되는 목적의식이다.

그는 스스로를 일으킬 강력한 동기가 필요했다. 40대, 50대를 그냥 맞이하는 것이 너무나도 싫었다. 자기가 열망하는 작가의 꿈을 기필코 이루고 싶었다. 그래서 그는 자신에게 필요한 글을 쓰는 시간을 찾아야 했다. 그가 찾은 시간은 바로 새벽이었다. 새벽은 그에게 모든 동기의 근원이었다. 자신을 만나는 시간이었고 '기적을 만나는 시간' 이었다.

두 번째는 환경이다.

그는 어디를 가든 항상 가방에 노트북을 들고 다녔다. 그리고 새벽에 글을 쓰기 위해 자신만의 공간을 거실에 만들어 놓고 일어나자마자 글을 쓰는 준비를 다 마쳐놓고 잠을 잤다. 잠들기 전에는 새벽에 써야 할 목차를 읽고 잠이 들었다. 이런 과정을 통해 무의식이 그를 돕는다는 것을 깨달았다. 환경을 세팅함으로써 단절 없는 글쓰기를 이어갈 수 있었고, 하루하루 성장하는 자신의 모습을 만들었다.

마지막은 건강이다.

그가 건강을 가장 중요시하는 이유는 건강한 몸에서 건강한 정신과 활동이 나올 수 있다는 확신 때문이다. 매번 시도한 새벽기상과 글쓰기에서 느낀 어려움은 바로 체력이었다. 평소에 엄청 운동을 하고 몸을 관리하지만 새벽을 내 편으로 만들기 위해서는 더 많은 체력이 필요했다. 그래서 그는 헬스를 하고 달리기, 걷기를 하면서 항상 몸을 관리했다. 그러지 않으면 자신이 정말 원하는 꿈을 이루기 위한 새벽을 진짜 내 편으로 만들지 못함을 알기 때문이었다.

지금 '그의 새벽'은 다시 그에게 말을 걸어오고 있었다.

"어떻게 너는 이 난관을 이겨낼 거니? 너의 도전의 끝에는 무엇이 있니?"

이런 그의 고민과 질문에 휩싸인 그는 자신과 마주해야 했다. 책과 마주하고 자신의 고독과 마주해야 했다. 그의 손에 든 책은 《밀리언 달러 티켓》이었다. 어쩌면 그동안 묻어두었던 부에 대한 욕망이 다시 이 책을 찾게 한 것이었다. 이 책은 비행기 안에서 우연히 마주한 억만장자와의 이야기를 담은 책이었다. 그 책에서 말하는 부와 성공의 8가지 원칙이 있다.

부와 성공의 원칙 8가지 : I Believe

1. I believe in myself(난 나 자신을 믿는다.)
2. Be passionate and want it(열정을 가지고 성공을 갈구한다.)
3. Extend your comport zone(자신이 편하고 익숙한 영역을 확대하라.)
4. Lies and luck don't work(거짓말과 운이 성공을 만들어내지 않는다.)
5. Install goals(목표를 설정하라.)
6. Enjoy hard work(일을 즐겨라.)
7. Very, Very persistent(아주아주 끈기를 가져라.)
8. Expect failure(실패를 예상하라.)

'나를 믿고, 열정을 가지고 성공을 갈구하라. 자신이 편하고 익숙한 영역을 확대하는 도전을 지속한다. 자신에게 하는 거짓말과 운은 성공을 만들지 않는다. 목표를 가지고 일을 즐기며 끈기 있게

나아가라. 그리고 실패를 예상하라.'

이 책을 다시 읽으면서 그는 자신에 대한 믿음과 도전을 마음속에 그리게 되었다. 그리고 끊임없는 질문을 다시 던졌다.

'왜 회사의 시련이 나의 인생을 흔드는 것일까? 그래 사업을 배워보자. 내 인생을 위해서 회사를 위해서 새로운 것을 도전해 보는 거야.'

'준비하지 않은 도전은 시련을 불러온다.'라는 것을 그는 알고 있었다. 시련 앞에 흔들리지 않는 자신에 대한 확신을 가져야 했다. 확신을 가지고 더 큰 세상으로 나아가기 위한 공부가 필요했다.

그에게 필요한 공부는 '사업의 전부'였다. 그동안 했던 사업공부의 영역을 넘어서 사업 시스템을 통째로 머리에 넣는 공부가 필요했다. 앞으로 다시는 흔들리지 않는 자신을 만들기 위해 그는 또다시 공부를 선택했다. 그리고 그는 알고 있었다.

'사업의 끝을 배우지 않으면 또다시 어려움을 겪을 것이라는 것을…….'

세상에 공부로 자신을 세운 사람은 다시 넘어져도 일어난다. 자신을 넘어 세상을 연결하는 공부 새로운 가치를 만드는 공부였다. 그 끝에는 새로운 가치를 만드는 사업시스템이 있었다.

개인과 사회를 연결하는 새로운 가치를 만드는 비밀을 아는 사람과 모르는 사람은 다른 인생을 살게 된다. 사업을 공부하면서 익힌 다른 관점은 다른 인생으로 그를 이끌었다. 결국 그는 '가장 행복한 회사를 만들고 싶다는 마지막 생각'에 또다시 다다르게 된 것이었다.

그도 자신의 생각의 끝이 '가장 행복한 회사'를 원하고 있다는 것에 조금은 두려웠다. 왜냐하면 그 길을 가는 것이 쉽지 않음을 알기 때문이다. 그럼에도 불구하고 그는 끝을 향해 나아갔다. 그 길이 '자신이 좋아하고 잘하며 서로에게 도움이 되는 길임을 알기에 끝까지 나아간다.'라는 결심을 하고 또 했다.

'그래 한번 끝까지 가보는 거야.'

02
끝을 보아야 비로소 시작할 수 있다

'나에게 '끝'은 무엇일까?'

이 질문의 끝에서 그는 '가장 행복한 자동차 회사'를 상상했다.

그의 상상이 이제는 길을 열어야 했다.

무슨 일을 시작하든 끝을 생각해야 한다. 하지만 확실한 미래를 안다는 것은 불가능하다. 다만 생각을 통해 끝에서 일어날 일들을 상상할 수 있다. 끝은 무수한 시작과 연결되어 있다. 끝과 시작의 연결을 상상할 수 없다면 그 길을 걸어갈 수 없다. 끝을 상상할 수 있는 힘만이 도전의 마지막에 다다르게 할 수 있는 것이다.

자신의 꿈과 도전을 위해 상상을 연결하는 방법이 있다. 바로 성공한 사람들의 생애를 통해 배우는 것이다. 삶의 처음과 끝을 경험한 사람의 생애는 그 무엇보다 값진 교훈을 준다. 사업에 대한 공부를 하면서 특히 그가 더 좋아하는 사람이 있다. 누구나 알고 있는 스티브 잡스다.

2007년 1월 스티브 잡스는 아이폰을 선보였다. 손안에 인터넷이 연결되는 새로운 세상을 열었다. 스티브 잡스가 연결한 새로운 세상은 그 후로 끊임없이 발전했다. 스티브 잡스는 계속해서 탁월한 제품을 만들어 내는 능력을 지니고 있었다. 주위를 탐구하고 발견하여 다른 것과 연결하는 그의 재능은 탁월했다. 하지만 스티브 잡스도 자신이 만든 제품과 서비스로 세상이 어떻게 변해갈지를 확신하지는 못했다. 그래서 그는 궁금해졌다.

'과연 이 기술의 끝은 어디를 향하는 것일까?'

이 질문의 힌트를 우연히 자산운용의 대가 강방천 회장의 책 〈강방천의 관점〉에서 엿볼 수 있었다.

'끼'와 '재능'은 알아보지 못하고 '스팩'에만 몰두하는 모습이 조물주는 너무 한심하고 안타까웠다고 한다. 그래서 스티브 잡스를 시켜서 그 선물상자를 열게 하는 열쇠를 만들게 했는데 그것이 바로 아이폰이라는 것이다.

스티브 잡스는 이 열쇠를 통해 세상에 숨겨진 끼를 유통시켰고, 끼를 마음껏 발산할 수 있는 플랫폼을 만들어주었다. 그 단적인 예가 유튜브다. 그가 말한 대로 '다르게 생각하는 것(Think differently)'이 아닌 '다른 것을 생각하라(Think different)'라는 신념이 새로운 세상을 만들어 냈다.

투자자로서 강방천 회장은 인간의 '끼'와 '재능'을 펼치고 싶은 욕망의 끝을 잡고 있는 아이폰의 가치를 최고로 평가했다. 더불어 '소비의 끝단을 누가 차지하고 있느냐를 자세히 봐야 합니다.'라는 말로, 끝을 누가 차지하느냐가 미래의 가치를 결정한다는 점을 다시 한번 강조한 것이었다. 여기서 잠깐 한 가지 질문이 떠올랐다.

투자의 대가 강방천 회장은 '소비의 끝단' 즉 '끝'을 왜 강조했을까? 그 '끝'의 의미에는 어떤 비밀이 숨어 있는 것일까?

'끝에서 시작하라.'라는 말이 있다. 그의 상상에 항상 포함되는 원칙이다. '어떤 일을 시작하는 위치가 끝이 아니면 그 시작과 끝이 만나는 기간이 월등히 달라진다.'라는 깨달음에서 그가 하는 '생각의 제1원칙'이 되었다. 그렇다면 '끝에선 시작하라.'라는 말은 어떤 의미가 있는 것일까?

가령 회사에서 보고서를 쓸 때 사람들은 단편적인 시각으로 일을 진행한다. 문제의 단면만 보고 그 시점의 문제만 해결하는 경우가 대부분이다. 하지만 이런 문제 해결 방식으로는 동일한 문제가 다음에 또다시 발생한다. 그래서 우리는 문제의 근본 질문을 던져야 한다.

고객은 어떤 이득을 얻게 되는가?

고객의 어떤 불편을 해결하는가?

직원들은 어떤 이득을 얻게 되는가?

회사의 미래를 어떻게 변화시키는가?

근본은 고객의 욕망과 혜택을 향해야 하고, 직원과 회사의 미래와 닿아있다. 미래의 선한 혜택을 생각하며, 사소한 문제라도 끝을 바라보는 시각을 가져야 한다. 보고서를 쓸 때도 끝을 상상하며 끝에 이르는 작은 'how'를 포함해야 한다. 그렇게 만들어진 작은 실행들이 모여서 결국 우리가 원하는 끝을 만들 수 있는 것이다.

성공하는 사람들은 목표를 작게 나누는 도사들이다. 자신이 원하는 끝을 상상하며 그 모습으로 '오늘 자신이 할 수 있는 단 하나'에 집중한다. 단 하나의 도미노에 집중하여 한 번에 하나씩 넘어뜨린다. 지금 하나를 넘어뜨리기는 힘들지만 매일 넘어뜨리는 도미노는 습관의 가속도를 만든다. 습관으로 가속된 힘은 결국 끝에 이르는 시간을 줄여주는 마법과도 같은 힘을 발휘한다.

이것이 바로 '끝에서 시작하는 힘'이며 '끝을 어떻게 시작으로 바꾸느냐?'에 우리가 집중해야 할 이유인 것이다.

스티브 잡스가 아이폰을 만든 이유, 그것은 개인들의 욕망을 연결하고 끼를 펼칠 수 있는 '무대의 창조'였다. 또한 강방천 회장이 '소비의 끝단'이라 고 말한 것은 인간이 가진 욕망의 끝을 이야기한 것이었다.

이런 깨달음의 끝에서 그의 생각은 '회사의 끝은 무엇인가?'로 이어졌다.

회사의 끝은 직원들의 행복이고, 고객의 감동이었다. 진짜 주인이 많은 회사, 팬을 많이 가진 회사의 모습이 바로 회사의 끝이었다. 그래서 그는 더더욱 사업 시스템을 공부하고 올바른 회사의 끝을 만들기 위해 책을 읽었다. 계속 새벽의 문을 두드렸다.

03
갈수록 가치를 만드는 3가지 질문

그는 새벽을 통해 자신과 만나는 시간이 점점 늘어갔다. 자신을 만나는 시간이 많아질수록 생각은 더 깊어졌다. 질문도 많아졌다.

하루는 뉴스를 보던 중 그의 눈에 들어온 기사가 있었다.

'2019년 빅데이터 조사를 통해 직장에서 가장 많이 던지는 질문이 뭔지를 조사했다. 그 결과 가장 많이 던진 질문은 바로 '점심때 뭐 먹을까?'였다.'

우리가 던지는 질문 중 가장 많이 던지는 질문이 바로 '뭐 먹을까?'였다. 즉 인간의 식욕을 채우기 위한 평범한 질문이 우리의 일상에 가장 많이 녹아 있었던 것이다. 그런데 그는 왠지 한기가 느껴졌다.

'점심때 뭐 먹을까?'는 당연한 질문이다. 하지만 우리가 가장 많이 던지는 이 질문이 우리의 인생을 빛나게 만들 수 있을까 하는 생각이 그를 떨게 했다. 그는 우리의 인생을 바꾸는 가장 중요한 것이 바로 '질문'이라는 것을 책을 통해 배웠고 깨달았다. 이런 질문–깨달음–실행의 반복 속에 그는 인생의 기로에 서게 된다.

인생은 질문의 연속이다. 순간순간 우리가 던지는 질문의 수준은 인생의 수준을 결정한다. 그렇다면 왜 질문이 인생의 수준을 결정할까? 질문은 답을 이끌고 답은 결정으로 이어진다. 결국 결정의 합이 인생이기 때문에 '탁월한 결정을 부르는 탁월한 질문'만이 후회 없는 인생을 만들게 되는 것이다.

성공한 사람들은 어떤 일을 탁월하게 해내는 사람이다. 이런 성공한 사람의 탁월함은 어디서 오는 것일까?

그가 존경하는 김밥 CEO 김승호 회장의 〈생각의 비밀〉에 보면 이런 구절이 나온다.

'성공한 사람의 가장 일반적인 습관은 독서다. 무려 88% 이상이 하루에 30분 이상 독서를 즐긴다. 반면 가난한 사람들은 2%만이 독서를 즐긴다. 성공한 사람들의 86%가 평생 교육의 힘을 믿고, 가난한 사람들의 5%에 비하면 어마어마한 차이다.'

독서와 배움이 지식이 되고, 지식이 지혜가 되는 과정을 거쳐야 성공할 수 있다. 그런데 지식이 지혜가 되는 과정에서 필수 코스가 바로 '질문'이다. 성공한 사람들이 하는 독서도 스스로 생각하는 힘을 기르는 과정이다. 그 과정에서 수없이 많은 질문을 던지며 생각을 한다. 책을 읽고 질문하며 '세상을 스스로 해석하는 힘'을 끌어들인다.

'그렇다면 세상은 무엇으로 이루어져 있을까? 그리고 해석하는 힘은 왜 필요한 것일까?'

세상은 무수히 많은 생각의 결합으로 되어있다. 우리가 보고, 듣고, 만지는 모든 것에 누군가의 생각이 들어있다. 이런 환경으로 우리는 누군가의 생각에 무의식적으로 영향받게 된다. 하루에 오만가지 생각을 하는 이유도 환경의 지배를 받고 있기 때문이다.

그런데 성공한 사람들은 어떨까?

성공한 사람들은 보고, 듣는 과정에서 전달되는 정보에 휘둘리지 않는다. 그들은 오만가지 정보 중 자신의 목표 달성을 위해 생각의 분산을 40가지 내외로 좁히는 탁월한 능력을 지니고 있다. 그렇다면 어떻게 그들은 생각의 분산을 막는 것일까?

생각의 분산을 막는 힘도 바로 '질문'에서 나온다.

한 가정주부가 있었다. 그녀는 걸레질이 힘들어 질문을 던졌다.

'힘들게 걸레질을 하지 않고 바닥을 닦을 수 없을까?'

그녀의 질문은 또 다른 질문을 낳고 새로운 도전의 세계로 그녀를 밀어 올렸다.

그녀는 바로 스팀청소기를 만든 한경희생활과학의 한경희 대표다.

질문을 던질 때 세상은 자신을 중심으로 돌아간다. '힘들게 걸레질을 하지 않고 바닥을 닦을 수 없을까?'는 아주 단순한 질문이다. 질문의 수준이 낮다고 생각할 수 있다. 하지만 더 중요한 것은 질문의 수준이 아니다. 누군가 정해놓은 생각의 틀이 아닌 자신의 질문으로 자신만의 해석의 틀을 만들어갔다는 것이다. 그리고 더 중요한 것은 한 번의 질문으로 끝나지 않는다는 것이다. 자신만의 생각의 힘을 기르는 것이 습관이 될 때까지 계속 질문을 던졌다는 것이 바로 핵심이다.

그런데 많은 사람들이 질문을 잘못 사용하는 경우가 많다. 자동차 엔지니어로 외관 품질문제를 해결할 때 후배를 가르치며 일을 한 적이 있었다. 그런데 후배가 계속 질문을 하는 것이었다.

"이거는 왜 이렇게 해요?"

"이렇게 하면 안 되나요?"

"어떻게 해야 해요?"

끊임없이 질문하는 것이었다. 처음에는 품질문제 개선이 시급해서 물으면 바로 답을 해줬다. 하지만 너무 질문만 많이 해서 "너는 어떻게 생각해?"라고 되물으니까 생각 없이 이상한 말을 하는 것이었다. 그 이후로 나는 그 후배와 일을 하기 전에는 "오늘 어떤 테스트를 할 거니까 조사해서 오고 어떻게 테스트할지 생각하고 와."라고 의도적으로 말을 했다.

질문에는 힘이 있다. 모르는 것을 배울 수 있고, 모르는 것을 스스로 배우게 하는 힘도 있다. 그런데 자신의 무지를 감추고, 습관적으로 질문을 던지고, 질문을 하면 자기가 우월하다고 생각하는 사람들 또한 많이 있다. 이렇게 질문을 사용하는 사람들의 눈빛은 별로 선하지 않다. 그래서 질문에도 인격이 있다.

'질문에도 인격이 있다.'라는 말은 어떤 의미일까? 바로 나와 너를 가치 있게 만들고 서로를 성장시키는 질문을 던져야 한다는 뜻이다. 그냥 일상적으로 던지는 질문은 사절해야 한다.

그렇다면 우리는 어떤 질문을 던져야 할까?

〈갈수록 가치를 더하는 질문 3가지〉가 있다.

질문 1. 이것이 진짜 네가 원하는 거야?

질문 2. 이 문제에서 나는 무엇을 배울 수 있는가?

질문 3. 다음에 취해야 할 행동은 무엇인가?

'이것이 진짜 네가 원하는 거야?'라는 첫 번째 질문에서 자신이 원하는 의도를 세우고 두 번째 질문은 문제에서 배움을 얻게 한다. 그리고 마지막 질문은 옳은 방향을 찾아 계속 나아가는 과정을 지속함으로써 갈수록 가치를 만드는 삶을 살게 된다.

〈갈수록 가치는 더하는 3가지 질문〉은 인생을 풍요롭게 만드는 본질적인 속성과 닿아있다.

1) 원하는 인생을 스스로 찾게 한다.

2) 경험에서 계속 배우는 사람이 된다.

3) 향상된 삶을 계속 선택한다.

이 세 가지 본질적인 속성과 닿아 있는 질문이 결국 세상을 잘 살아가게 만드는 비밀의 열쇠인 것이다.

이제 당신은 앞으로 어떤 질문을 던질까를 고민해야 한다. 질문이 가진 본질이 당신의 인생을 위협할 수도 있고, 새로운 방향으로 이끌 수도 있다. 어떤 선택을 하느냐는 당신의 결정이지만 기억해야 한다.

"가치 있는 질문'만이 세상을 나를 중심으로 돌아가게 한다는 것을…….'

그리고 그는 또 다른 질문을 던진다.

내 질문의 끝은 어디를 향하고 있는가?

결국 질문의 시간은 그에게 파도를 일게 했다. '세상에 자신의 이름으로 새로운 가치를 만드는 일을 하고 싶다.'라는 거센 파도가 일어났다. 그리고 후회하지 않은 인생을 사는 행복한 부자가 되는 모습을 상상했다.

04
목적을 통한 경험의 합이 인생이다

평소에도 그는 생각을 깊이 하고 질문을 많이 던진다. 그 질문은 '세상에 자신의 이름으로 새로운 가치를 만드는 일을 하고 싶다.'라는 욕망으로 연결되었다. 그리고 그 욕망의 마지막은 '후회하지 않는 인생을 사는 행복한 부자가 될 것이다.'로 이어졌다.

'그렇다면 어떻게 내가 원하는 후회하지 않는 인생을 사는 행복한 부자가 될 수 있을까?'

고대 그리스의 한 여행가가 있었다. 그는 길을 가는 중에 백발의 한 노인을 만났다.

"어르신, 혹시 올림포스산에 오르는 방법을 가르쳐줄 수 있으세요?"

여행가의 물음에 노인은 미소를 지으면 이야기했다.

"정말로 올림포스산에 오르고 싶다면 모든 발걸음이 거기를 향해 있도록 하시오."

추후에 그 노인은 소크라테스로 밝혀졌다.

소크라테스의 말을 들으면서 그는 생각했다.

내가 향하는 발걸음은 어떤 세상과 만날 것인가?'

우리는, 우리가 향하는 발걸음의 방향에서 세상과 만난다. 발걸음의 방향이 어딘가에 따라 우리가 경험하는 인생이 달라지고 앞으로 경험할 인생이 바뀐다. 그냥 주저앉아 있으면 앉아서 보이는 세상만 보게 된다. 하지만 모든 발걸음을 옮겨서 향하는 방향이 있다면 그 방향이 어디라도 다다를 수 있다. 그래서 머리에서 가슴까지 가는 여행보다 더 긴 여행이 '가슴에서 발까지의 여행'이라고 말하는 것이다.

당신의 여행은 어떤가? 머리에서 머무는가? 아니면 가슴에 닿아있는가? 아무리 당신의 여행이 가슴을 울리더라도 발걸음을 옮기지 않는다면 당신은 목적지에 가까이 가지 못한다. 하루에 한 걸음이라도 옮길 때 비로소 당신이 원하는 미래를 끌어당길 수 있다.

설령 실패할 수도 있다. 포기할 수도 있다. 하지만 한 걸음이라도 걷는다면 당신은 말로만 하는 사람이 아닌 '한 걸음을 걸은 사람'이 된다. 두 걸음을 걸었다면 당신의 미래와 두 걸음 가까워진 경험을 한 사람이 된다. 두 걸음을 옮긴 가치를 가진 사람이 바로 당신인 것이다. 그래서 위너들은 "갈수록 가치를 더하는 것은 무엇일까?"라는 물음에 "경험이다."라고 주저 없이 말한다.

사람들은 경험을 흔히 직접경험과 간접경험으로 나눈다. 반면 위너들이 중요하게 생각하는 경험은 바로 '자발적 경험'이다. 목적을 가진 자발적 경험은 배움을 끌어들이고 문제를 해결하는 결정의 산물이다. 이 자발적 경험들이 모여서 우리는 성공이라는 경험을 지속적으로 할 수 있게 된다.

때로는 비자발적 상황을 겪기도 한다. 예상치 못한 비자발적 역경은 깊은 상처의 골을 남길 때도 있다. 하지만 자발적 경험을 많이 한 사람들은 어떻게든 이겨낸다. 왜냐하면 그들이 선택해서 얻은 값진 경험들이 항상 '향상된 삶'을 향하고 있었기 때문이다.

누구나 향상된 삶을 원한다. 하지만 향상된 삶은 희생을 강요한다. 목숨과 같은 시간, 때로는 돈을 요구한다. 자신이 즐기고 싶은 욕망을 보류하고 배움과 경험을 위한 희생을 강요한다.

제임스 매튜 배리는 말한다.

"당신이 어떤 것을 위해 모든 것을 희생한다면, 그것을 얻을 것입니다."

매튜의 말에서 가장 중요하게 생각할 부분은 바로 '어떤 것'이 먼저라는 것이다.

우리는 '아무것'이 아닌 '어떤 것'을 위해 살아야 한다. 그 '어떤 것'을 먼저 정하고 그것을 위해 희생하는 경험을 해야 한다. 사람들은 '어떤 것'을 꿈, 목적, 목표라고 말한다. 꿈과 목표는 한 번에 정해지지 않는다. 무수히 많은 질문을 던지고 스스로 답하는 과정 속에서 비로소 그 선명한 모습을 드러낸다.

그도 어느 순간부터 자신의 선명한 꿈을 원했다. 그래서 꿈을 꾸기 위해 책을 읽고 공부하는 것이 습관이 되었다. 공부에 대한 열정으로 그가 입학한 대학도 있다. 바로 MKYU 대학이다. 세계 최초로 유튜브 대학을 만든 MKYU 김미경 원장은 '진짜 꿈'에 대해 이렇게 말한다.

"100번의 why를 거쳐야만 비로소 진짜 꿈이 된다."

이 말을 들었을 때 그는 새삼 놀랐다. 그 이유는 '100번의 why'다. 그녀는 꿈의 성분을 100번의 why라는 수치로 말하고 있었기 때문이다. '경험의 횟수에 대한 판단 기준'이 그녀 인생의 인생에 굳게 자리 잡은 모습이 그에게 또 다른 파장으로 다가왔다.

무엇인가를 수치로 말할 수 있는 사람은 그 고민의 깊이도 다르다. 숫자로 말할 수 있는 사람의 경험은 선명하고 명쾌하다. 수많은 시행착오 끝에 자신만이 노력에 대한 기준, 성공에 대한 기준이 벌써 자리 잡은 것이다. 꿈과 목표를 선명하게 하기 위해 '100번의 Why'라는 김미경 원장의 말에 그 또한 깊이깊이 자신의 내면으로 빠져드는 것을 깨달았다.

소크라테스는 "자신의 모든 발을 올림포스산으로 향하도록 하라."라고 말하고, 제임스 매튜 배리는 "당신이 어떤 것을 위해 모든 것을 희생한다면, 그것을 얻을 것입니다."라고 말했다. 또한 김미경 원장은 '100번의 why'를 말했다. 그들의 말 속에서 전해오는 깨달음은 어느 순간 그의 머릿속에 흩어져있던 복잡한 퍼즐을 맞추기 시작했다. 그리고 그는 보다 더 선명해지는 무엇인가를 느꼈다.

'모든 것을 희생해서 명쾌한 목표를 향한다면 그 목표는 반드시 이루어진다. 그 목표에 다가가면서 수없이 많은 why와 만나게 된다. 하지만 그들의 목표도 처음에는 선명하지 않았을 것이다. 움직이면서 자신의 목표가 더 선명해질 것이다.'

우리는 움직여야 한다. 삶의 가치를 더하는 힘은 움직이면서 얻는 '자발적 경험'에서 온다. 목표를 향한 자발적 경험에서 던진 100번의 Why는 삶의 목적을 선명하게 만든다. 이렇게 선명해진 목적은 새로운 가치를 만들어 내고 '평생을 바치는 자발적 경험'을 시작하게 한다.

'평생을 바치는 자발적 경험'은 희생을 먹고 자란다. 이 시간과 돈이라는 희생을 통해 자신의 인생에 값진 의미를 선물 받게 된다.

당신은 어떤가? 얼마나 많은 '자발적 경험'을 선택했는가? 어떤 선물을 받았는가? 혹시 선물을 받지 못했다고 불평과 불만에 쌓여 있지는 않은가?

만약 당신의 삶에 불만이 많다면 자신의 '자발적 경험'을 되돌아 봐야 한다. 불평을 걷어낼 목적으로 '자발적 경험'을 채워야 한다. 그래야 당신의 인생이 더 풍요로워질 것이다.

어떤 경험도 소중하다. 경험은 굴리면 더 큰 경험을 할 수 있는 자산이 되고 내 삶을 더 풍요롭게 만든다. 당신이 만약 뭔가 부족하다면 '목적이 이끄는 자발적 경험'만이 당신의 결핍을 채운다는 것을 꼭 기억하길 바란다.

그도 지금 이 순간 자신의 삶을 변화시키려 하고 있다. 하지만 목표가 명쾌하지 않았다. '자발적 경험'이 부족하다는 것도 깨달았다. 그리고 그는 다짐했다.

'나도 선명한 꿈을 위해 100번 아니 1,000번의 why를 물을 것이다.'

05
두려움을 황금으로 바꾸는 2가지 기술

그는 새벽을 통해 '100번의 why'를 마주하는 시간을 가졌다. 하지만 그 시간 동안 완전히 선명해지지 않는 어떤 느낌이 그를 감쌌다.

'이 느낌이 뭐지? 나의 명쾌함을 가로막는 이 느낌은 뭐지?'

위너들은 말한다.

'인생에는 두 가지 감정이 있다. 바로 '두려움'과 '사랑'이다.'

우리가 경험하는 세계도 두려움과 사랑이라는 감정이 존재한다. 그런데 그것을 아는가? 성공한 사람은 항상 사랑을 선택한다. 자신의 몸을 사랑하고 자신의 꿈에 정직하며 남에게 선을 베푸는 것이 진짜 사랑임을 알고, 성공한 사람들은 사랑을 선택한다. 왜 그들은 사랑을 선택하는 것일까? 그것은 바로 그 속에 포함된 속성 때문이다.

두려움에는 '위기'라는 속성이 포함되어 있고, 사랑에는 '기회'가 포함되어 있다. 두려움은 '위기의 상황에서 인간이 살아남기 위해 느끼는 자연스런 감정이다.'라고 심리학자들은 말한다. 그냥 두려움은 동물로서 수억 년을 생존해온 인간의 진화 과정에서 생성된 자연스러운 감정이지 부끄러운 감정이 아닌 것이다.

한번 생각해 보자. 생존에는 어떤 감정이 더 중요할까? 사랑이 더 중요할까? 아니면 두려움이 더 중요할까? 내 경험으로는 두려움이 더 중요하다. 왜냐하면 두려움은 사랑보다 더 빨리 위기를 감지한다. 위기를 감지하면 인간은 방어본능이 작용하고 자신을 보호한다. 그리고 수없이 많은 질문을 던진다.

'내가 서 있는 이곳은 안전한가?', '무엇을 해야 나의 생명을 지킬 수 있을까?'라는 질문을 던진다. 위기는 두려움을 부르고 두려움은 생명에 대한 안전의 욕구를 불러일으켜 더 강력한 동기를 만든다.

나폴레온 힐의 마지막 유작 《결국 당신은 이길 것이다》에서 이런 구절이 있다.

'위기의 상황에서 두려움에 긍정적으로 반응할 수 있다는 선택권이 자신에게 있다는 것을 기억한다면 보다 멋지게 인생을 바꿀 수 있다.'

나폴레온 힐의 말처럼 사람이 가진 가장 강력한 능력은 '명쾌하게 선택할 수 있는 능력'이다. 선택할 수 있는 능력이 있음에도 우리는 두려운 상황에서 선택권을 포기한다. 위기라고 느끼는 두려운 상황에서 자신이 가진 '기회'를 보는 능력을 사용하지 않는다. 자신의 남은 인생을 사랑하는 선택권을 포기해버린다. 스스로 자신의 한계를 만들어 버린다.

세상에 어느 누구도 두려운 감정을 겪지 않는 사람은 없다. 위기를 겪지 않는 사람들도 없다. 성공한 사람들도 똑같이 겪었고 우리도 지금 똑같이 겪고 있다. 똑같이 느끼는 두려움의 감정에서 어떤 사람은 실패의 구렁텅이로 떨어지고 어떤 사람은 성공의 비밀을 찾아낸다. 그렇다면 도대체 어떻게 성공한 사람들이 두려움을 극복했을까? 두려움 속에서 숨어 있는 황금을 캐냈을까?

행복이 전염되듯 두려움도 전염된다. 그래서 두려운 감정을 전염시키지 않는 것이 중요하다. 흔히 '화'라는 감정이 자연스럽게 사그라지는 데 걸리는 시간은 90초다. 그런데 이런 '화'라는 감정에 자꾸 먹이를 주고 되새기기 때문에 더 커지고 사라지지 않는다. 여기서 힌트를 얻어서 우리는 두려움에 대한 처방전을 마련하고 두려움을 황금으로 바꾸는 기술을 익힐 필요가 있다.

위너들의 두려움에 대한 대처 처방전은 3가지가 있다.

첫째, 알아차린다.

둘째, 환경을 바꾼다.

셋째, 다른 일을 한다.

두려움을 느끼는 것을 알아차리고 환경을 바꾸고 다른 일은 하면 두려움에 더 이상 에너지는 공급되지 않는다. 사람들은 반반의 감정을 느낀다. 두려움과 사랑을 느끼지 않는 사람은 없고 그것을 대하는 자세만 다를 뿐이다.

위너들 또한 두려움을 느낀다. 두려움이 찾아올 때면 위너들은 이렇게 말한다.

"요것 바라 또 왔네."라고 말하며 알아차린다. 그리고 분석한다. '이 속에서 들어 있는 게 뭐지? 내가 느끼는 두려움의 속성이 뭐지? 새로운 도전, 새로운 일, 낯선 것인가? 이 두려움 속에 어떤 기회가 포함된 것일까?'라고 두려움을 분석한다.

두려움을 잘게 나누면 기회가 된다. 나누면 하나씩 제거할 수 있다. 하지만 나누지 않으면 두려움은 그냥 두려움으로 남는다.

위너들의 운은 준비와 기회의 만남에서 찾아온다고 한다. 준비가 되지 않은 상태에서는 두려움이 먼저 보이고 기회를 보기 어렵다. 그래서 준비되지 않은 사람에게 다가온 운은 그냥 지나가 버린다.

두려움은 우리의 뇌를 마비시켜 생각의 힘을 잃어버리게 만든다. 지나간 운은 지나간 운이고 새로운 운은 준비되면 또다시 찾아온다. 지나간 운의 뒷모습만 보다가는 새로운 운은 지나가고 계속 두려움만 쌓일 뿐이다.

위너들이 두려움을 황금으로 바꾸는 기술에는 2가지가 필요하다.

하나는 두려움을 분석해서 기회를 보는 능력이고 다른 하나는 준비로 기회를 잡는 능력이다.

두려움이 찾아오면 두려움을 우선 분석해야 한다. 진짜 두려움과 가짜 두려움을 분석해야 한다. 우리가 생각하는 90%의 가짜 두려움은 일어나지 않는다고 연구결과는 이야기한다. 가짜 두려움을 분석해서 부숴버리면 똑같은 두려움이 다시 와도 해결할 수 있다. 그래서 두려움을 황금으로 바꾸는 첫 번째 기술이 가짜 두려움을 부숴버리고 진짜 두려움에서 기회를 찾는 눈을 가지는 것이다.

진짜 두려움을 기회로 바꾸기 위해서는 배워야 한다. 그래서 두 번째 두려움을 황금을 바꾸는 기술이 바로 '준비로 두려움을 기회로 바꾸는 배움'에 있다. 항상 자신의 '부족함을 깨닫고 두려움에서 배우는 자세'가 결국 자신을 황금처럼 빛나게 만들게 된다.

자세는 영어로 'attitude'다. 알파벳 a를 1점, z를 26점으로 영어 attitude를 점수로 환산하면 총 100점이 된다. 두려움과 위기를 기회로 생각하고 지나간 운을 보기보다 다가올 운을 위해 배우고 준비하는 자세만 필요할 뿐이다. 요약하면 '두려움을 기회로 바꾸는 배움의 자세'만이 미래를 밝게 빛나게 하는 것이다.

그도 두려움을 기회로 바꾸는 자신을 만들어왔다. 그런데 그가 하는 특이한 방법이 있었다. 바로 두려움이 오면 기선제압을 하는 것이다. 그에게 두려움이 찾아오면 그는 이런 말을 한다.

"요것 봐라, 또 왔네. 두고 봐라, 두고 봐."

그는 이 말을 통해 두려움을 알아차리고 이를 꽉 깨문다. 두려움에서 성장할 수 있는 기회를 찾고 다시 배우고 실천하는 자세로 돌아간다. 어떤 두려움도 그는 자신을 성장시키는 재료로 사용한다. 결국 핵심은 '두려움을 성장의 재료로 활용한다.'라는 배움의 자세인 것이다.

뻔한 이야기처럼 들리는가? 뻔한 이야기를 들어도 위너들은 계속 긍정적인 자세로 기회를 잡지만 보통사람은 기회를 흘려보낸다.

위너들은 일부러 두려움을 활용한다. 이래도 두려움이 생기고, 저래도 두려움은 생긴다. 그래서 그들은 배움으로 기회를 잡고, 실천력을 강화하기 위해 적극적으로 두려움을 선택한다.

그는 항상 위너들의 습관을 끌어들이는 데 관심이 많았다. 그래서 그도 위너들처럼 항상 자신이 가진 책임의 범위를 적극적으로 확대했다. 이런 책임의 확대는 두려움을 불러오지만 기회를 포함했다. 두려움을, 기선제압할 수만 있다면 기회를 잡는 생각에 그는 하나의 무기를 생각했다. 바로 '진심'이다.

그는 두려움이 들 때마다 당당히 마주하는 그를 선택했다. 무수히 찾아온 두려움에서 그를 단련하는 '당당한 진심'을 만들었다. 그리고 지금도 그의 진심은 배움을 통해 계속 성장시킨다. 두려움을 황금으로 바꾸는 진심을 계속 만들어가고 있다.

"여러분은 두려움을 어떻게 대하는가?"

"두려워하는 자신을 이기고 싶은 방법을 알고 싶은가?"

간단하다. 절대 두려움을 허락하지 마라. 당신의 허락 없이는 두려움이 당신을 망가뜨리지 못한다. 그리고 선택해라. 적극적으로 모든 일을 책임지는 나, 공부를 통해 문제를 바라보는 시야를 키우는 나, 두려움을 활용하여 성장하는 자신을 선택해라.

너무 조급해하지 마라. 결국 당신은 두려움을 이기는 '당당한 진심'을 배울 수 있을 것이다. 두려움이 황금을 만드는 열쇠라는 사실을 깨닫는 날이 올 것이다.

기대하라. 두려움 앞에 "요것 봐라. 또 왔네."라고 말하며 빙그레 웃는 자신을 발견하는 날을……. 기필코 온다. 깜짝 놀라는 당신이 기대된다.

06

상위 1%만 아는 진심의 실체

그가 위너들의 말을 되새기며 깨달은 것이 있었다. 지금 자신이 겪는 회사의 상황을 어떻게든 벗어나려고만 하는 자신을 발견한 것이다. 밀려오는 생각의 두려움을 몰아내려고만 한 것이었다. 하지만 두려움은 절대 밀어내려고만 해서는 이겨낼 수 없었다.

그가 두려움이 들 때마다 읽는 책이 있다. 나폴레온 힐의 《결국 당신은 이길 것이다》라는 책이다. 지금 이 순간 다시 펼친 그 책에서 가장 먼저 들어온 내용은 '인간의 탐욕, 헛된 욕심, 성욕, 시기, 증오와 같은 두려움의 씨앗은 우리를 방황으로 이끈다.'라는 내용이었다. 그리고 이런 방황을 설명하는 나폴레온 힐의 또 다른 말이 들어왔다.

“명확한 목표를 사랑하는 습관을 제외한 모든 습관은 방황하는 습관으로 이어질 수 있다.”

나폴레온 힐은 방황을 이기는 명확한 목표를 얻기 위해 “무한 지성을 이용하라.”라는 방향을 제시했다. 조금은 이해하기 어려웠다. 두려움을 이겨내고 방황을 이겨내는 명확한 목표, 명확한 목표를 이루기 위한 ‘무한 지성’이 그의 머릿속을 맴돌았다. 그리고 그는 생각했다.

‘그래, 그렇다면 명확한 목표를 이루는 ‘무한 지성’이 바로 ‘진심’이 아닐까?’

그가 존경하는 스티브 잡스는 말했다.

“세상을 바꿀 수 있다고 생각할 만큼 미친 사람들이 결국 세상을 바꾸는 사람들이다.”

스티브 잡스의 말처럼 ‘세상을 바꿀 수 있다고 생각하는 미친 믿음’이 있는 사람이 세상을 바꾼다. 이런 미친 믿음이 없으면 결코 세상을 바꾸지 못한다. 세상을 바꿀 수 있다고 생각하는 믿음, 모든 것을 바꿀 수 있다는 믿음이 바로 ‘진심’이었다.

“당신은 세상을 바꿀 수 있다고 생각하는가?”

그렇지 않다면 당신은 자신의 인생에 대한 믿음을 더 키워야 한다. 자신의 꿈에 더 정직해져야 하는 사람이다. 하지만 실망하지 않아도 된다. 스티브 잡스도 처음부터 그렇지는 않았고 두려움을 느꼈다. 계속 운동해서 근육을 키우듯 계속 두려움을 이기는 연습을 하고 세상을 바꿀 수 있다는 믿음을 확신으로 바꾸는 진심을 만드는 여정을 거쳤다. 그래서 1%의 사람들은 세상을 꿰뚫는 진심으로 성공의 반열에 오른 것이다.

그 또한 세상을 바꾼 위너들의 진심을 알아가면서 조금은 두렵기조차 했다. 자신이 가진 지금까지의 두려움을 완전히 벗어던져야 했기 때문이다. 하지만 그는 '자신의 꿈에 진심을 다하는 정직한 삶이 필요하다.'라는 것을 간절히 깨닫고 있었다. 그리고 다시 위너들의 진심을 끌어들이기 시작했다.

'그렇다면 상위 1%의 위너들은 진심을 어떻게 자신의 삶으로 끌어들였을까?'

그는 갑자기 아인슈타인이 떠올랐다. '세상의 천재 아인슈타인은 이 질문에 대해 어떤 답을 할까?' 결국 아인슈타인은 이 질문에 대한 답을 '두려움을 진심으로 바꾸는 두뇌 혁명에 있다.'라고 말할 것 같았다. 조금은 황당할 수 있다. 두뇌 혁명이라니?

우리의 뇌는 하루에 의사결정을 할 수 있는 최대 용량을 가지고 있다. 이것을 '의지력 총량의 법칙'이라고 말한다. 총량이 정해진 의지력을 관리하지 않으면 우리는 중요한 일에 에너지를 집중할 수 없다. 작고 사소한 일, 정돈되지 않은 일에 뇌의 총량을 쓰게 된다. 성과를 내는 핵심적인 일보다는 여러 가지 일을 처리하는 데 시간을 보내게 된다. 결국 핵심적인 두뇌 혁명의 시간을 확보하지 못하게 되는 것이다.

아인슈타인은 문제에 대한 몰입과 실험으로 평생을 보냈다. 문제에 대한 깊은 생각을 통해 문제 해결에 대한 탁월한 두뇌 혁명을 이루었다.

그렇다면 아인슈타인이 이룬 두뇌 혁명의 비밀은 무엇일까?

아인슈타인의 두뇌는 박물관에 보관되어 있다. 아인슈타인이 죽은 후에 그의 천재성에 대한 두뇌 조사가 실시되었지만 별 특이한 점은 없었다. 그런데 단 하나가 있었다. 그의 신경세포주위를 둘러싸고 있는 전선 피복과 같은 미엘린층이 일반 사람들보다 1.3배나 많았다.

미엘린! 결국 아인타인은 '깊은 생각과 문제 해결의 반복'이 생각이 전달되는 뉴런의 미엘린층을 강화하여 생각의 처리속도를 높이는 두뇌 혁명을 이루어냈던 것이었다.

'세상을 바꿀 수 있다고 생각하는 미친 믿음'을 가진 1%의 사람들은 자신의 두뇌 혁명을 이루었다. 생각의 반복과 행동을 통한 두뇌 혁명을 이루었던 것이다. 하지만 그들도 두려웠다. 나폴레온 힐도 극한의 두려움을 겪었고, 스티브 잡스 또한 애플을 잃어버린 극한의 경험을 했었다. 하지만 그들은 그동안 만든 '미친 믿음을 통한 두뇌 혁명'으로 두려움을 극복해낸다. 이런 두뇌 혁명을 또 다른 위너들은 '루틴'이라고 말했다.

사업의 실패로 10억의 빚을 진 그녀! 사업 실패로 멀리 타국까지 자신을 만나러 온 후배의 커피 한 잔 값을 걱정했던 그녀! 그녀는 지금 6,000억 이상의 자산을 이룬 켈리최 회장이다. 그녀가 말하는 〈5가지 위너의 루틴〉이 있다.

첫째, 오늘 하루를 상상한다.(시각화 5분)

"내가 오늘 하루를 이상적으로 보낸다면 어떤 일이 일어날까?

둘째, 잠재의식을 깨우는 아침 확언을 한다.(10분)

"오늘도 즐겁고 기대되는 하루가 시작되었습니다."

"나는 내 꿈을 이루기 위한 충분한 자질을 갖췄다."

셋째, 생각의 전환을 위해 10분 동안 독서를 한다.(10분)

"사람은 어제 했던 생각의 98%를 오늘 또 생각한다. 책을 1장을 읽든, 한 문장을 읽든 생각의 전환이 됩니다."

넷째, 침대 정리(5분)를 한다.

"침대를 정리하는 작은 습관이 '해냈구나!'라는 느낌을 뇌에 전달하고 뇌를 정리해줍니다."

다섯째, 스트레칭!(5분) 침대를 붙들고 스트레칭과 플랭크 자세를 한다.

그녀의 5가지 습관을 들었을 때 그는 '위너들은 하루를 이기면서 시작한다.'라는 생각이 들었다. 그리고 그는 다른 위너들의 루틴도 궁금했다.

현 Meta(전 facebook)의 CEO 마커주커버그는 자신의 하루 일과 중 아침 루틴을 강조했다.

"하루를 바로 시작하면 전 세계에서 일어난 문제와 트렌드에 공격당하는 느낌이 듭니다. 하지만 아침에 몸을 쓰면서 명상효과가 있는 활동을 하며 한 시간 정도 머리를 초기화시킵니다. 이렇게 아침 루틴을 지키면 일의 성과가 훨씬 좋아집니다. 명상효과가 있는 활동과 몸을 쓰는 운동으로 에너지를 끌어올리고 나면 머릿속의 복잡한 생각들이 정리된 느낌이 듭니다. 그러면 '좋아, 다시 한번 부딪혀 보자.'라는 자세가 됩니다. 내면을 돌아보는 시간을 가진 날과 바쁜 일정에 바로 들어간 날은 성과가 다릅니다."

트위터의 전 CEO 잭도시는 새벽 5시에 명상을 하고, 버진그룹 리처드 브랜슨은 아침 운동을 주기적으로 하며 자신만을 루틴을 지킨다고 한다.

더불어 팀페리스는 〈타이탄의 도구들〉에서도. "내가 본 억만장자 중 80% 이상이 매일 아침 가벼운 명상을 한다. 85%는 일주일에 운동을 3번 이상 한다."라고 것을 보고 그는 확신했다.

'위너들은 새벽에 급하지 않지만 중요한 일인 자기계발, 영적인 성장, 건강을 위한 것을 먼저 하는구나!'

위너들이 모닝 루틴을 가장 중요하게 생각하는 이유는 바로 이기는 하루를 위해서다. 이기는 하루를 맞이하기 위해 편안한 잠을 잘 수 있는 환경을 미리 만드는 것도 이 때문이다. 하루 동안 불편하게 먹은 마음을 버리고 내 몸을 편안하게 만들고 잠이 드는 것이다. 그렇지 않으면 우리는 어제 했던 98%의 생각들을 아침에 또 하게 되는 원하지 않는 삶을 끌어들인다.

어떤가? 당신은 어떤 아침을 끌어들이고 있는가?

나폴레온 힐이 명확한 목표 달성을 위해 사용한 무한 지성, 스티브 잡스가 세상을 바꾼 미친 믿음, 천재 과학자 아인슈타인의 두뇌 혁명, 켈리최 회장, 저크버그, 리처드 브랜슨과 같은 기업의 CEO들의 아침 루틴, 이 모든 것은 두려움을 버리고 '진심'을 끌어들이는 위너들의 여정이 있었다. 그래서 우리는 잊지 말아야 한다.

결국 상위 0.1%의 위너들은 아침 루틴으로 이기는 하루를 만들고, 잠자기 전의 시간과 무한 지성(잠재의식)을 진심으로 물들여 그들의 미래를 끌어들였다는 것을…….

07
결국 운이 오는 길목에 진심을 다하는 사람들이 있다

ENTJ! 그의 MBTI 유형이다. 그의 ENTJ 유형은 창조적 선구자를 말한다. 바로 스티브 잡스와 같은 유형이다. 잠시 ENTJ 유형에 대해 살펴보자.

통솔자(ENTJ)는 타고난 지도자라고 할 수 있다. 이들은 카리스마와 자신감을 지니고 있으며 자신의 권한을 이용해 사람들이 공통된 목표를 위해 함께 노력하도록 이끈다. 또한 이들은 냉철한 이성을 지닌 것으로 유명하며, 자신이 원하는 것을 성취하기 위해 열정과 결단력과 날카로운 지적 능력을 활용한다. 이들은 전체 인구의 3%에 불과하지만 다른 많은 성격을 압도하는 존재감을 뽐내며, 많은 비즈니스와 단체를 이끄는 역할을 할 때가 많다.

ENTJ 유형의 사람은 스티브 잡스, 프랭클린 D. 루스벨트, 마가 렛 대처, 고든램지가 있다. 그래서 그는 그렇게 스티브 잡스를 흠모하는지 모르겠다.

애플의 스티브 잡스의 잊지 못할 광고가 있다.

"여기에 미친 사람들이 있다. 부적응자, 혁명가, 문제아, 사각형 구멍에 끼인 동그라미처럼 사물을 다르게 보는 사람들, 그들은 규칙을 좋아하지 않는다. 그리고 그들은 현상 유지도 원하지 않는다. 여러분들은 그들의 말을 인용하거나, 그들에게 동의하지 않을 수 있다. 그들을 찬양하거나 비방할 수도 있다. 여러분이 할 수 없는 유일한 것은 그들을 무시하는 것이다. 왜냐하면, 그들이 세상을 바꾸기 때문이다. 그들은 인류를 앞으로 나가게 한다. 어떤 이들은 그들을 미친 사람으로 보지만, 우리는 그들의 천재성을 본다. 세상을 바꿀 수 있다고 상상할 만큼 미친 사람들이 결국 세상을 바꾸는 이들이기 때문이다. 다른 것을 생각하라!(Think Different!)

세상의 가치를 만드는 사람, 사회의 가치를 만드는 사람, 기업의 가치를 만드는 사람들이 있다. 그들은 아마 부적응자라 비난받기도 한다. 시기와 질투를 받기도 한다. 그들이 추구하는 가치는 누군가에게는 도움이 되고, 누군가에게는 피해를 입힐 수 있다. 사람들의 시선은 항상 양면성을 가지고 있다. 좋게 보는 사람이 있으면 나쁘게 보는 사람도 있는 것은 당연하다. 하지만 정말 중요한 것은 그들의 진심이다.

스티브 잡스가 세상 모든 이들의 꿈을 쉽게 펼칠 수 있는 스마트폰을 만들었고 인문학이 우리의 삶에 얼마나 중요한지를 일깨웠다. 또한 에디슨은 전기를 만들었고, 아인슈타인은 상대성 이론을 만들었다. 부적응자들은 그들만의 온전한 시간을 진실을 밝히는 데 진심을 다한 것이다. 사람과의 관계보다는 진심으로 진실되고 위대한 삶을 위해 온전히 자신의 시간을 투입한 것이다. 그들의 다른 진심과 다른 것을 생각하는 방식이 결국 위대함의 산물이 되었다.

그렇다면 위대함은 그들 혼자만의 생각에서 이루어진 것일까?

한동안 운에 대해 깊은 생각을 한 적이 있다. 운의 속성을 생각하고 운의 본질을 생각했다. 운은 준비와 기회의 만남에서 찾아온다. 내가 운이 없음을 탓하기보다는 내가 준비되지 않음을 탓해야 한다. 남이 알아주기를 바라기보다는 내가 능력이 없음을 되돌아보아야 한다. 운은 지금의 나를 또 다른 곳으로 인도한다. 또 다른 가치를 선물한다. 결국 운도 가치를 만드는 기회를 만나서 이루어지고, 그 기회를 잡기 위한 준비의 과정을 거쳐서 실체로 변해간다.

그렇다면 기회는 어디서 오는 것일까? 기회는 사람에게서 온다. 기회는 가치를 만드는 전 단계다. 가치를 만드는 준비단계가 기회를 만나서 가치가 되기 때문에 준비와 기회가 어디서 오는지를 봐야 한다. 가치는 다른 사람에 의해서 판단되고 준비는 내가 해야 한다. 내가 '나에게 주는 기회'가 바로 준비인 것이다.

내가 나에게 주는 대표적인 기회는 바로 '공부'다. 공부는 나의 미래가치를 만드는 준비이며 이 준비를 거쳐서 기회를 만나게 된다. 만남에서 오는 기회는 가치를 불러온다. 가치는 사람과의 관계에서 정해지기 때문에 가치를 만드는 기회도 사람에게서 온다. 사람에게서 사회에서 인정받고 유명해지고 돈을 버는 모든 것은 사람과 나의 준비가 연결되어 만들어진다.

결국 '공부-준비-기회-가치'의 연결 관계로 사람은 성장한다. 그리고 이 연결이 잘 된 사람을 흔히 위대한 사람이라고 말한다.

세상에서 가장 위대한 사람은 계속 성장하는 사람이다. 공부해서 계속 성장하는 사람이다. 성장하는 사람은 위기에 주저앉고 싶은 마음, 새롭고 낯선 것을 두려워하는 마음을 이겨내고 공부를 통해 자신의 그릇을 키워간다. 이렇게 성장하는 자신을 느끼는 삶이 가장 의미 있는 삶이며 이런 사람들이 세상을 바꿔나간다.

그도 젊어서는 세상을 잡아먹을 기세가 있었다. 하지만 두 번에 걸친 회사의 위기는 그를 주저앉혔다. 그럼에도 불구하고 그는 자신과 가족을 위해 또다시 배움을 선택했다. 세상을 먼저 산 위너들과 대화를 나누며 자신의 진심을 끌어냈다. 왜냐하면 세상을 바꾸는 것보다 더 두려운 '후회하는 죽음'을 맞이하기 싫었기 때문이다.

그런 그도 요즘 마음이 아팠다.

첫 번째 이유는 또다시 겪는 회사의 위기였고, 다른 이유는 위기를 맞이한 상황에서 더 무기력해지는 모습들을 지켜봐야 했기 때문이었다. 하지만 그는 마음을 추스르고 또다시 시작해야 했다. 회사가 자신의 인생 전체를 흔들게 놔둘 수는 없었다.

'그릇이 크면 자연스럽게 그 속이 차게 된다.'

이 말의 의미를 깨달은 그는 자신의 그릇을 키워나갔다. 또한 회사의 그릇을 키우는 여정이 필요하다는 것도 알고 있었다. 그리고 무엇보다 실천하는 사람들이 필요했다. 회사와 세상을 움직이는 것은 절대 혼자서 할 수 없기 때문이다.

'세상을 바꿀 수 있다고 생각하는 미친 사람들'

그들이 결국 세상을 바꾼다는 것을 알기에 그도 함께할 누군가가 필요했다. 세 아이를 키우며 그가 선택할 수 있는 최선은 책이었다.

책을 읽으면서 그는 세상을 바꾼 사람들의 진심과 자신의 진심을 동화시켜 갔다. 책을 읽는 것도 부족해서 책을 정리하고 다양한 종류의 책을 쓰기 시작했다. 이 과정을 통해 그는 후회 없는 인생을 위한 도전을 시작했고, 그 끝을 향해 달려갔다.

말은 위대하다. 하지만 말보다는 책의 힘이 강하다. '책이 더 진실되다'는 것을 그는 안다. 그리고 그는 꿈을 꾸었다. 그의 그릇이 커지고, 책 속에 담긴 진심이 언젠가는 회사를 변화시킬 것이라는 것을…….

그리고 그 변화가 운을 끌어들일 거라는 것을…….

3장

후회하지 않으려면 알아야 할 8가지

또다시 닥쳐온 회사의 위기!

그 위기 앞에 그는 지금 무너지는 회사와 싸우고 있었다.

무너지는 사람들의 마음과 싸우고 있었다.

막막함이 밀려올 때가 대부분이었지만 막막함을 기적으로 바꾸는 새벽의 문을 연다.

그는 새벽의 힘으로 회사에 하나하나의 돌을 놓기 시작한다.

자신이 할 수 있는 모든 것을 시도한다.

자신이 바라보는 시작점에 긍정을 끌어들이며 희망의 불씨를 지핀다.

그런 그에게 돌연히 찾아온 5개의 질문!

그리고 19년의 회사에 던진 육아휴직!

그 속에 펼쳐지는 좌절

그에게 벌어진 일은 무엇일까?

01
싸울 가치가 없는 전쟁은 모두가 진 것이다

요즘 그는 싸움을 시작했다. 회사의 어려움을 이겨내기 위해 불합리한 것들과 싸움을 벌이는 중이다. 그리고 문득 '싸움은 왜 해야 하는 것일까?'라는 의문이 들었다.

그에게는 세 보물이 있다. 지겹도록 싸우고 싸우는 시기를 아직도 겪고 있다. 사춘기의 끝물에 들어선 중2 큰딸, 호기심이 강한 초등학교 6학년 둘째, 마지막 7살 에너제틱 막내딸이다.

아이들이 싸우는 이유는 비슷하다. 하나를 두고 자기가 옳다고 우기고, 자기가 갖겠다고 우긴다. 이러다 보면 싸움이 일어난다. 하나를 가지고 싸우는 사태는 결국 승자 없는 패자만 만들 뿐이다. 세 아이의 싸움을 보면서 그는 생각했다.

'우리는 무엇을 위해 싸워야 하는 것일까?'

인간은 싸운다. 싸우면서 성장하고 자신의 능력을 드러냄으로써 힘을 가지려 한다. 힘은 계급을 만든다. 밑에 있는 사람은 위에 가려 하고, 돈이 적은 사람은 높이 올라가서 돈을 많이 벌려고 한다. 그래서 역사를 '계급투쟁'의 기록이라 말한다.

인간의 싸움에는 네 가지가 있다. 나와의 싸움, 나와 남과의 싸움, 나와 사회와의 싸움, 나와 자연의 싸움이다. 이 싸움에서 필요한 것이 있다. 결론부터 말하면 '화해'다.

역사는 계급투쟁의 기록들로 큰 전환을 겪게 된다. 세기의 전쟁인 마라톤, 스파르타 전투, 프랑스 혁명, 미국의 남북전쟁, 1·2차 세계대전, 세계의 자유 민주화 운동, 6·25전쟁 심지어 코로나바이러스와의 투쟁까지 인류의 역사는 무수히 많은 전쟁의 연속이었다. 이 전쟁의 깊은 뿌리에는 인간의 욕심과 탐욕, 생존에 대한 갈망과 두려움이 있었다.

현대사회는 나라 간의 싸움은 드물다. 하지만 회사와 회사, 회사 내의 싸움은 더 치열해지고 있다. 회사에서의 싸움은 네 거 내 거, 네 일 내 일, 네 공 내 공을 구분지면서 시작된다. 공은 가지려 하고 일은 피하려 하기 때문에 싸움과 갈등이 일어나고 화해하지 않으면 갈등의 골은 더 깊어진다.

남이 할 일, 내가 할 일을 구분하기를 좋아하는 회사는 어떻게 될까? 바로 망하는 길로 들어선다. 생각의 출발점에서 문제의 해결보다는 문제를 '네 일 내 일'로 구분하는 회사, 서로 협력하지 않는 회사는 아마 지속 가능한 기업은 아닐 것이다.

그는 일의 구분이 필요는 하지만 지금 이 어려운 상황에서도 일을 구분하는 사람들이 싫었다. 문제 해결이 회사의 기본이고, 회사의 문제는 한 사람의 힘으로 해결하기 힘든 경우가 대부분이었다. 이런 문제 해결의 시작점에서 '구분의 시각'을 먼저 갖는 사람들이 그는 싫었다.

'구분의 시각'은 처음부터 저항을 만들고 '나 아니면 돼.'라는 이기주의를 만든다. 이런 이기주의와 조직의 벽은 문제 해결을 위한 진전을 가로막는다. 문제 해결을 위해서는 '같이 한번 해보자.'라는 공감 마인드가 절실히 필요했다. 서로가 협력해야 한다는 것을 알고는 있었지만 실천하는 사람은 많지 않았다. 이런 상황에서도 그는 물러설 수 없었다. 어떻게든 후회하지 않는 삶을 선택했기 때문이다.

'같이 한번 해보자.'라는 공감 마인드는 쉽게 만들어지지 않는다. 싸울만한 가치가 있는 싸움에서도 피하려는 사람이 많은 게 현실이다. 그렇다면 어떻게 싸워야 하는 것일까?

1:1 격투기의 기본이 있다. 물러나기, 막기, 피하기다. 피하기는 상책, 막기는 중책, 물러나기는 하책이다. 피하고 바로 공세로 전환할 수 있기 때문에 피하기는 상책이다. 막기는 막고 공세로 갈 수 있기 때문에 중책이며, 물러나기는 다음 동작으로 이어지기 힘

들기 때문에 하책이다.

그렇다면 피해야 할 싸움과 싸울만한 가치가 있는 싸움을 가르는 기준은 무엇일까?

그는 손자병법을 좋아한다. 손자병법에서 그가 중요하게 생각하는 단 하나를 말하라면 바로 '도천지장법(道天地將法)'이다. 하늘의 뜻을 알고, 때를 알며, 싸울 장소를 선정하여 옳은 장수를 세워서 철저하게 전략을 짠다면 백전백승할 수 있다는 승리의 비결이다. 복잡하다. 명분, 때와 장소, 장수와 전략을 알아야 승리할 수 있다는 뜻이다. 쉽게 말하면 23전 23승의 불패신화를 이룬 이순신 장군의 싸움을 떠올리면 된다. 이순신 장군도 손자병법의 '도천지장법'을 항상 생각하며 싸움에 임했다.

〈명량〉이란 영화를 보면 이순신 장군은 싸울 바다를 살폈다. 적들의 동향을 파악하고 싸울 명분을 잃어가던 병사들의 기강을 세웠다. 또한 싸울 때를 파악하고, 싸울 장소를 적들이 유리한 곳이 아닌 아군이 유리한 울돌목을 선택했다. 싸우는 도중에도 물러서서 다시 이길 수 있는 자리를 찾았다. 자신을 희생하면서 의심을 품은 장수들에게 '물러서지 않는 신뢰'를 끌어냈다. 더불어 싸움에서는 거북선을 앞세워 일자진, 학익진과 같은 전법으로 시작과 끝을 미리 상상하며 전쟁을 승리로 이끌었다.

그는 한동안 이순신 장군에 빙의된다. 이 난관이 이순신 장군의 처지보다는 훨씬 낫다는 생각에 그는 다시 자신과 회사를 생각하며 질문을 던진다.

'우리에게는 어떤 명분이 있는가? 우리는 가치가 있는 싸움을 찾았는가? 싸움에 승리하기 위한 굳은 신념이 있는가?'

윈스턴 처칠은 영국에서 가장 존경받는 사람이다. 《한 단어의 힘》이라는 책에 독일과의 전쟁 중에 윈스턴 처칠이 국민에게 전하는 승리에 대한 연설이 있다.

"우리의 목표가 무엇이냐고 물으신다면 한 단어로 대답하겠습니다. 그것은 '승리'라고, 어떤 희생을 치르고서라도 거둬야 할 '승리', 모든 공포를 이겨내고 성취해야 할 '승리', 그 길이 아무리 멀고 험할지라도 기필코 이뤄내야 할 '승리'라고 말입니다.

피 흘리지 않고 쉽게 이길 수 있을 때 정의를 위해 싸우지 않는다면, 큰 희생을 치르지 않고 확실한 승리를 거둘 수 있을 때 싸우지 않는다면 언젠가 불리하고 생존 가능성이 희박한 싸움을 벌여야 하는 순간이 올 수 있습니다. 그뿐 아니라 승리를 전혀 기대할 수 없지만, 노예로 사느니 차라리 멸망하는 것이 낫기 때문에 싸워야 하는 순간이 올 수도 있습니다.

우리는 절대로 실의하거나 실패해서는 안 됩니다. 우리는 끝까지 나아가야 합니다."

절체절명의 시기에 승리에 대한 신념만이 두려움을 없앤다. 하지만 두려움을 신념으로 부숴버리지 않으면 언젠가는 두려움이 패배의 씨앗이 되어 돌아온다. 나에 대한 신념, 회사에 대한 신념, 나라에 대한 신념만이 싸움을 승리로 이끈다. 그리고 그 신념은 옳은 방향에서 더 강화된다.

이순신 장군의 불패신화, 윈스턴 처칠의 싸움에 대한 연설을 되새기며 그는 자신이 싸워야 할 싸움에 대해 생각한다. 회사에서의 싸움, 인생의 싸움을 생각한다.

'결국 싸움이 일어나고 두렵고 막막한 순간에 지신을 지키는 것은 신념이다. 그 신념의 방향이 명확하다면 언젠가는 빛날 것이다. 그 '언젠가'는 누구도 아닌 자신이 만들어야 한다. 기다리지 말고 오늘부터 누가 뭐라고 말을 하든 자신을 빛내야 한다. 그래서 오늘을 자신이 빛나는 1일로 만드는 것이다.'

그리고 그는 벤저민 프랭클린의 말을 되새긴다.

"삶을 사랑하는가? 그렇다면 시간을 낭비하지 말라. 삶이란 바로 시간으로 이루어져 있기 때문이다."

그리고 결심한다.

'오늘이 자신을 빛내는 1일이다.'

02
막막하다면 꼭 알아야 할 5가지

미국 존스 홉킨스의 정신과 의사인 지나영 교수, 그녀는 〈세바시〉 강연에서 자신이 어떤 장애로 인해 병원에 누워있었던 막막한 상황을 이야기한다.

그녀는 대구 반지하 봉제 공장을 하시는 부모님의 반갑지 않은 둘째 딸로 태어났다. 4년 동안 출생신고도 하지 않았다. 다행히 공부는 좀 해서 의과대학에 갔다.

"저는 무지하게 모험을 좋아합니다. 2016년에 에베레스트 베이스캠프에도 올라갔었습니다. 그런데 2017년에 장거리 운행을 하던 중 무언가 통증이 허리에서 올라오기 시작했습니다. 2시간 운전하는 동안 통증이 온몸으로 퍼지게 되고 집에 기어서 들어가게 됩니다. 제가 의사고 존스 홉킨스에 다니니 별의별 검사를 다 해보았지만, 문제가 없었습니다.

제가 정신과 의사인데 10명의 의사가 아니라고 생각합니다. 그래서 저는 6개월 동안 누워있게 됩니다. 최종 진단이 어떻게 나오는가 하면 '자율신경계 장애(자율신경계가 자발적으로 조절하는 맥박, 혈압, 체온, 호흡, 장운동, 호르몬 조절 등에 장애 발생)'라고 나왔습니다.

그 이후 2년 가까이 거의 바닥에서 누워서 지내게 됩니다. 마치 제 배터리가 10프로밖에 없는 상태가 되었습니다. 저의 팔팔한 인생이 완전히 바닥을 친 것입니다. 그때 포기하고 싶었습니다. 그러나 이를 악물고 걸었습니다. 조금 걸었다 싶으면 일주일 동안 누워있었습니다."

잘 나가던 그녀에게 막막함이 찾아왔다. 정신과 의사인 그녀가 막막함을 이겨내는 과정에서 말하는 중요한 세 가지가 있다.

첫째, 모든 것이 너를 위해서 일어난다. 너를 골탕 먹이려고 일어나는 게 아니다.

둘째, 당신의 삶이 레몬을 준다면 그것으로 레몬에이드를 만들어라.

셋째, 내 삶에서 하고 싶은 것만 하기에도 내 삶이 너무 짧다.

우리 모두는 삶이 레몬을 던지는 시기를 겪는다. 그도 자신의 삶에서 레몬을 받은 적이 수없이 많았다. 군대 가기 전 아르바이트를 하다가 얼굴에 화상을 입어 입원한 일, 셋째를 낳는 동안 겪은 여러 번의 유산, 그리고 두 번에 걸친 회사의 위기 이 모든 것이 그에게는 레몬이었다. 그 또한 지나영 교수처럼 삶이 준 레몬을 레모네이드로 바꾸는 여정을 지속하는 중이다.

막막함의 레몬이 인생에 찾아오면 우리는 레모네이드를 만들어야 한다. 작은 막막함이 밀려오거나 때로는 거대한 막막함에 힘들어할 때도 있다. 작은 막막함은 그냥 바로 해봐야 한다. 고민만 하다가 보내는 시간이 너무 아깝기 때문에 작은 막막함은 바로 해서 결과를 경험하는 것이 제일 중요하다. 그런데 큰 막막함은 다르다.

막막함의 무게가 자신의 역량보다 너무 클 때는 시간이 필요하다. 질문이 필요하다. 거대한 막막함은 인생과 연결되어 있고 생존과 연결되어 있는 경우가 많다.

'나는 어떤 사람으로 살아가지? 회사를 계속 다녀야 하나? 아이들을 어떻게 키워야 할까? 60대는 어떤 인생을 살지? 사업을 지금 시작해야 할까?'

이런 막막함은 큰 질문이다. 거대한 막막함이 불러오는 큰 질문은 지금 해결할 수도 나중에 해결할 수도 있다. 하지만 우리는 이 질문을 꼭 던져야 한다.

"나에게 다가온 이 막막함을 지금 해결하지 않으면 5년 후 어떻게 될까?"

만약 당신이 막막함을 만났다면 이 질문을 통해 자신의 '절실한 의지'에 칼날을 세워야 한다. 만약 5년 후의 삶이 이대로 흘러가는 것이 죽기보다 싫다면 어떻게 될까? 이 막막함은 반드시 해결해야 할 문제가 된다.

그렇다면 어떻게 막막함을 해결할 수 있을까?

거대한 막막함과 두려움을 해결하는 5가지 방법이 있다.

첫째, 막막함을 나눈다,

둘째, 항목별 해결방법을 정한다.

셋째, 나와 우리가 가진 것에 집중한다.

넷째, 공부하며 하나씩 해결한다.

다섯째, 작게 도전해서 조금씩 성장한다.

그도 지금 회사에서 막막함을 견디고 있었다. 후회하지 않는 인생을 선택했고, 후회하지 않는 하루하루를 만들어갔다. 그런데 회사의 일을 처리하던 중 회사를 어렵게 만드는 데자뷰가 일어나는 느낌을 받았다.

회사는 어려워지는 상황을 극복하기 위해 신차출시를 준비했다. 하지만 상품기획과 디자인을 결정하는 방식은 예전 그대로였다. 예전의 실패를 거듭하는 방식으로 진행되었다. 회사의 사활을 건 프로젝트인데 디자인도 그의 마음에 들지 않았다. 그래서 그는 또 '5년 후에 다시 후회하지 않는 결정을 위해 지금 무엇을 해야 하는가?'를 묻기 시작했다.

회의를 하면서 사람들에게 묻고 또 물었다. 돌아온 사람들의 의견은 회의적이었다. 그래서 그는 '회사를 살릴 디자인은 아니다.'라는 결론에 다다른다. 어떻게든 모델을 바꿔야 했다.

"이 모델이 우리 월급을 줄 수 있는 차인가요?"라는 질문을 회의에서 던졌다. 아무도 대답이 없었다. 그래서 그는 또다시 고민했다.

'지금 이 상황을 어떻게 바꿀 수 있을까? 가장 큰 영향력을 가진 사람은 누굴까?'

이런 고민으로 회사에서 보는 사람들마다 이야기를 하고, 모델을 바꿀 수 있는 사람들을 찾아다녔다. 결국 수차례의 만남을 통해 그는 모델을 바꿀 실마리를 찾게 되고, 회사는 결국 모델을 바꾸게 된다.

또한 디자이너와 바뀐 모델의 세부 디자인을 협의하며 디자이너가 펼칠 수 있는 모든 상상을 도왔다.

"황 책임이 보기에 이게 예뻐요?"

"네."

"그러면 그냥 밀어붙이자고요. 품질문제는 내가 다 해결할게요."

그렇게 그는 엔지니어의 입장에서 벗어나 소비자의 입장, 사장의 입장에서 후회 없는 결정을 시작한다. 자신의 업무영역이 아니더라도 회사의 바른길이고, 고객이 원하는 제품을 만들기 위해서라면 어떤 의견도 물어서 듣고, 배워서 실천하는 삶을 시작한다. 그것이 5년 후에 더 이상 회사의 어려움이 직원들의 어려움을 만들지 않는 길임을 알기 때문이다.

위너들은 막막함이 오면 어떻게 할까? 위너들은 막막함이 찾아오면 이미 움직이고 있다. 이미 준비하고 실행하며 위기 속에서 적극적인 기회를 찾는다. 그 또한 지금의 막막함에서 먼저 움직이고 있는 자신을 발견했다. 수없이 많은 문제를 해결해온 엔지니어의 삶이 위기를 본능적으로 감지하는 능력을 그에게 주었다. 이런 그의 능력은 벽에 부딪힐 때마다 스스로에게 다짐을 건넨다.

'어떠한 순간에도 두려움과 막막함을 허락하지 않을 것이다. 그리고 마지막에 함께 웃는 회사를 만들 것이다. 나는 계속 길을 찾을 것이다.'

03
문제보다 중요한 것은 문제를 바라보는 시작점이다

문제! 문제! 문제!

인생에서 문제가 없는 날은 하루도 없을 것이다. 이런 문제 가득한 인생을 후회 없이 살아가기 위해서는 여러 가지가 필요하다. 꿈, 돈, 시간, 사람과 같은 여러 가지가 필요하다. 그런데 알고 있는가? 꿈, 돈, 시간, 사람과의 관계 속에도 무수히 많은 문제가 숨어 있다는 것을……. 그래서 우리에게는 제일 먼저 문제를 해결하는 탁월한 능력이 필요한 것이다.

아인슈타인은 문제 해결에 대해 이렇게 말한다.

"나에게 1시간이 주어진다면 나는 55분을 문제를 정의하는 데 사용하고 문제를 해결하는 데 5분을 사용하겠습니다."

그런데 왜 아인슈타인은 문제를 정의하는 데 90%의 시간을 할애하고, 나머지 10%의 시간을 투자해서 문제를 해결했을까?

1994년 회사 설립.

1995년 지금의 이름으로 온라인 판매를 시작

1998년~2000년에는 연평균 1,600%의 성장

2001년~2020년까지 연평균 28% 이상의 성장률을 기록함.

현재는 온라인 판매뿐만 아니라 Web Services (AWS)를 출시하여 클라우드 컴퓨팅 시장을 선도하고, 우주산업 및 전기차 산업에 진출한 이 회사를 아는가?

이 회사는 바로 '아마존(amazon)'이다.

아마존은 연평균 1,600%의 폭발적인 성장 이후에 이상한 낌새를 느낀다. 바로 혁신의 속도가 늦춰진다는 것을 깨닫게 된다. 회사가 커지면서 협업이 조율을 낳고 조율이 의존성을 낳는 것이 문제였다. 이런 의존성이 성장의 속도를 늦춘 것이었다.

아마존은 문제가 생기면 기본적으로 네 가지 질문에서 시작한다.

Q1. 어떤 상황인가?

Q2. 어떤 과제를 맡고 있는가?

Q3. 어떤 행동을 취했는가?

Q4. 결과는 어땠는가?

이 네 가지 질문을 통해 상황을 파악한 아마존은 '부서 간의 효과적인 의사소통'을 결함으로 정의해 버린다.

"아마존을(개발자들이) 개발에 전념할 수 있는 곳으로 만들려면 의사소통을 제거해야 한다. 의사소통을 독려할 필요는 전혀 없다."

'효과적인 의사소통'을 '결함'으로 정의하는 순간 아마존은 새로운 대안을 내놓는다.

Solution 1. 모든 시스템과 서비스에 일련의 응용 프로그램 인터페이스를 구축

Solution 2. 이를 명문화하여 기계를 통한 '약한 결합'으로 의사소통 변경.

Solution 3. 미리 조율에 대한 조치를 취하여 신속한 업무처리 구조로 변경

Effect : 업무 효율성의 저하의 근본인 소통과 조율에 드는 시간을 획기적으로 줄임

아마존도 아인슈타인처럼 문제의 근본적인 원인을 새롭게 정의했다. 새롭게 정의된 근본 원인을 해결하기 위해 시간은 다소 걸렸지만 결국 가장 획기적인 해결안을 끌어낸다. 문제의 양면성을 파악하여 도출한 해결안의 핵심은 '가장 적게 일하고 가장 좋게 만드는 시스템'이었다. 결국 아마존은 문제 해결의 시작점에서 단순한 해결이 아닌 새로운 정의를 통해 그 이면에 숨겨진 새로운 기회까지 찾았던 것이었다.

우리의 인생도 마찬가지다. 인생의 모든 문제에는 양면성이 있다. 문제 안에는 두려움과 위기가 있고 기회도 같이 포함되어 있다. 그런데 문제를 위기로만 바라보고 기회를 보지 못하는 사람들이 많다. 왜 그런 것일까? 그것은 바로 문제를 바라보는 시작점이 다른 것이다.

문제를 만나게 되면 기선제압이 중요하다. '그래, 또 왔구나! 이 문제로 내가 또 성장하겠구나! 그래, 기다려.'라고 생각해야 한다. 왜냐하면 인생의 수없이 많은 문제에서 성장하지 않는다면 내가 이룰 수 있는 것의 한계는 이미 정해지기 때문이다. 결국 '문제를 기회로 바꿀 수 있는 힘을 내가 가졌는가?'의 문제만 남는다.

반면 문제가 생기면 두려워하고 회피하는 사람도 있다. 대부분 사람이 그렇다. 그 이유는 생존을 위해서 두려움을 피하는 본능이 우리의 유전자 속에 심어져 있기 때문이다. 그런데 여기서 중요한 것은 문제에서 오는 두려움을 짧은 시간 안에 없애야 한다는 것이다.

두려움을 회피하면 증폭된다. 회피한 두려움은 언젠가 한꺼번에 다가와 돌이킬 수 없는 좌절을 준다. 이런 이유로 그는 두려움 앞에 먼저 '멈춰.'라고 스스로에게 말한다. 그리고 두려움 앞에 멈춰서 말한다.

"너 또 왔어? 이번에는 무슨 선물을 안고 왔니?"

두려움이 오면 우선 째려봐야 한다. 응시해야 한다. 두려움은 두려움을 먹고 살기 때문에 두려움을 응시하면 두려움은 더 이상

자라지 않는다. 두려움이 더 이상 자라지 않는다면 우리는 문제를 자세히 봐야 한다. '아! 이 문제를 통해 나는 어떻게 성장할 것인가? 어떤 기회가 숨어 있는가?'라는 '기회와 성장의 프레임'으로 문제를 바라봐야 한다.

그는 회사의 사활을 건 신차를 개발하면서 엔지니어로서 자신의 모든 역량을 쏟았다. 디자인에서부터 제품의 개발까지 일어날 수 있는 문제를 예측하고 도면에 반영했다. 품질을 예측할 수 있는 '상상 설계'라는 새로운 콘셉트를 만들고, 이 콘셉트들을 협의하여 도면에 반영해갔다. 더불어 문제 발생 시의 대안까지도 반영한 18년 내공의 집대성인 차를 만들어갔다.

그러나 그는 회사의 돌아가는 상황을 보면서 가만히 있을 수 없었다. 책을 통해, 사업공부를 통해 회사를 일으킬 방법을 찾아야 한다는 꿈틀거림이 그의 가슴을 뚫고 나오고 있었다.

'다시 무너지지 않는 회사를 만들기 위해 우리는 무엇을 바꿔야 한단 말인가?'

그가 생각하는 프레임은 차량의 엔지니어를 넘어 더 큰 곳으로 향하고 있었다. 그 과정에서 확실한 하나의 신념이 있었다.

'지금까지의 우리가 가진 프레임을 깨지 않는 한 똑같은 문제는 다시 일어날 것이다.'

그래서 그는 문제를 보지 않았다. 문제를 보지 않고 자신이 무너지지 않는 회사를 만든다면 어떤 이상적인 회사를 만들까에 집중했다. 그리고 그가 원하는 회사의 이미지를 통해 '다시 무너지지 않는 회사를 위해 지금 무엇을 해야 하는가?'에 대한 보고서를 만들기 시작했다.

설령 자신이 만든 자료가 바로 사용되지는 않더라도 그는 계속해야 했다. 이 어려움의 끝에는 결국 그가 원하는 회사의 모습이 될 것을 굳게 믿었기 때문이었다. 그리고 그는 자신의 변화에서 시작하여 이상적인 회사의 모습을 그려갔다.

문제만 바라보면 답은 없다. 답답했다. 침몰하는 배에서 수리하고 막아야 할 곳이 한두 곳이겠는가? 그 배에서 뛰어내리는 사람도 수없이 많았고, 열정을 가진 사람은 차츰 줄어갔다. 하지만 남은 사람들은 다른 생각으로 다른 결과를 만들어야 했다. 그것이 우리가 살 길임을 모두가 알고 있었다.

회사의 위기, 산적한 문제를 해결하기 위해 회생방안을 쓰고 있는 그는 다시 다짐한다.

'지금까지와 다른 판을 만들어야 한다. 회사가 살아남을 수 있는 다른 판을 만들어야 한다. 직원과 회사가 함께 웃고 성장하는 그런 회사가 되어야 한다. 그 시작점에는 '함께 해보자.'라는 마음을 가진 사람이 많아져야 우리는 다시 무너지지 않는 회사를 만들 수 있을 것이다.'

04
후회하지 않기 위해 던져야 할 질문

우리 모두는 중요한 결정의 순간을 만들기 위해 이 모든 결정을 하는지 모른다.

결정의 순간은 빨리 만든 사람과 늦게 만든 사람의 차이일 뿐 누구나 중요한 결정을 한다. 설령 결정하지 않는 것도 결정이다. 하지만 결정을 언제까지 미룰 수는 없다. 그래서 우리는 올바르게 결정하는 법을 배워야 한다.

회생방안이 작성되면서 그는 분주해졌다. 회사에 영향력을 미칠 수 있는 사람들에게 이야기를 하고 어떻게든 회사의 정책에 반영해야 했기 때문이다. 회사를 빨리 정상화시키려고 뛰어다니는 사이에 그는 수많은 무관심과 거절을 받았다. 하지만 더더욱 싫었던 것은 끊이지 않는 불평불만의 목소리였다. 한편으로 이해는 가지만 불평불만만 하기에는 너무나 소중한 시간이었고, 아파하는 사람들은 계속 늘어만 갔다.

그는 스스로에게 다시 중요한 질문을 던질 때가 온 것임을 직감적으로 알 수 있었다.

인생을 살다 보면 사람들은 무수히 많은 선택을 한다. 그런데 사람들은 선택한 자신과 선택하지 않은 자신 중 어느 쪽을 더 후회할까? 바로 선택하지 않은 자신을 더 후회한다. 그래서 우리는 선택하는 법을 배워야 한다.

우리는 후회하지 않는 선택을 위해 고민하고, 실수를 줄이기 위해 고민한다. 하지만 모두 처음 인생을 살기에 경험이 부족하고 선택의 실수는 일어날 수밖에 없다. 그래서 우리는 실수를 줄이고 실수에서 교훈을 얻어 '자신만의 확실한 의사결정의 기준'을 만드는 것에 집중해야 한다. 쉽지 않지만 만들어야 한다.

그렇다면 어떻게 자신만의 의사결정 기준을 만들 수 있을까?

'경험'을 늘려야 한다. 작은 일에 도전해서 경험을 해야 한다. 하지만 우리는 돈도 벌고, 아이들도 길러야 하며, SNS 한다고 바쁘다. 그래서 간접경험을 위해 책이라도 읽어야 한다. 그런데 만약 책 읽기가 힘들고, 시간이 부족하다면 어떻게 해야 할까? 바로 질문을 던져야 한다.

인생의 중요한 순간! 그도 지금 인생의 중요한 기로에 섰다. 회사의 안 좋은 상황, 혼란스러운 상황, 계속 침체되는 분위기를 계속 또다시 견뎌야 할지 아니면 잠시 멈춰야 할지를 결정해야 할 기로에 섰다. 그 순간 그는 〈인생의 중요한 5가지 질문〉을 던진다.

Q1. 이것이 진짜 네가 원하는 거야?
Q2. 너는 어떤 사람으로 살아갈 거야?
Q3. 이 고난과 두려움으로 나는 무엇을 배울 수 있는가?
Q4. 1,000가지 결정에 영향을 줄 단 하나의 결정은 무엇인가?
Q5. 내 생각의 위대함은 무엇을 위해 존재하는가?

이 5가지 질문을 던지면서 그는 자신의 인생을 돌아보았다. 시골 촌놈으로 마음껏 뛰어놀던 어린 시절이었다. 자유로운 영혼이 공부를 하고, 대학을 갔다. 직장을 잡아 일을 하고 결혼을 했다. 그리고 세 아이의 아빠가 되었다. 그 속에서 신문 배달을 하고 막노동을 하며 돈을 알았고, 교통사고를 당하고, 얼굴에 화상을 입으면서 위험을 깨달았다. 고등학교 3학년 때 공부에 몰입한 경험과 책을 읽고 책을 출판하면서 후회 없는 인생을 위해 공부가 절실히 필요하다는 것 또한 깨달았다.

그리고 지금 그는 회사의 모습을 보면서 후회 없는 인생을 결정해야 할 시기가 오고 있음을 감지했다.

그는 우선 지금 맡은 일을 마무리하기 시작했다. 회사의 사활이 걸린 신차에 문제가 없도록 그동안의 모든 핵심 품질 구조를 설계에 반영했다. 자신이 없는 동안에 문제가 없도록 모든 것을 정리했다. 업무를 정리하면서 주변의 불평불만을 신경 쓰기보다는 오로지 자신이 맡을 일을 마무리하는 것에만 집중했다. 일을 매듭짓는 동안에 그는 묻고 또 물었다.

"이게 진짜 네가 원하는 거야? 너는 앞으로 어떤 삶을 살아갈 거니? 지금의 고난에서 무엇을 배울 거니? 후회 없는 삶을 위해 결정할 단 하나는 뭐니? 네 생각의 위대함은 무엇을 원하니?"

이 질문을 던질 때마다 그는 느꼈다.

'아! 지금 이곳에서 내가 할 수 있는 일이 많이 없구나! 내가 성장할 기회가 지금은 막혀있구나! 지금 이곳에서 1년을 보낸다면 나는 엄청 후회할 것이다.'

결국 그는 회사를 잠시 휴직하기로 결심한다.

그의 결심이 불러올 파장도 그는 알고 있었다. 그 상황이 이해도 됐지만, 윗분들에게 서운한 게 많은 것도 사실이었다. 앞으로 휴직을 승인받기 위한 과정에서 벌어질 파장도 예측이 가능했다. 하지만 그는 더 이상 끌려다니기 싫었고, 후회하기 싫었다. 그리고 더더욱 궁금한 것은 자신의 한계가 어디인지를 알고 싶었다. 그래서 그는 부딪혀야 했다.

금이 간 회사의 안전망, 자신의 한계, 동료의 눈치, 그리고 수많은 편견들과 맞서야 했다. 이 모든 것과 맞서는 시간을 최소화하고 자신의 할 일에 몰두하는 것이 최선이었다. 새벽에 책을 읽고 공부하는 하루하루가 이어졌다. 그리고 그는 부딪힘을 시작했다.

인생의 부딪힘은 자신을 깨어나게 한다. 가장 빨리 깨지는 자가 가장 빨리 자신을 만난다. 그도 지금 자신을 만나는 진짜 여행을 시작했다. 더 큰 세상 속으로 자신을 밀어 넣었다. 후회하지 않는 삶을 위해 가슴 뛰는 삶을 위해 그는 오늘도 질문을 던진다.

"이것이 진짜 네가 원하는 거야?"

05
부유한 삶의 반대는 도망치는 삶이다

새로운 시작과 마무리는 새로운 세상으로 우리를 이끈다. 기존의 것들에 매듭을 짓고 새로운 도전을 시작하는 것은 축복이다. 자신에게 새로운 세상을 경험하게 만드는 선물이다. 하지만 누군가는 이야기한다.

"여기 떠나면 잘할 수 있을 것 같아? 힘들어."

하지만 우리는 도전해야 한다. 가만히 있는 것이 가장 위험하다. 왜냐하면 언젠가는 지금의 안전판은 없어지고 새로운 안전판을 만들어야 하기 때문이다.

2021년 4월 19일 결국 그는 육아휴직을 냈다. 2016년 제주도 한 달살이, 2018년 책 출간, 2021년 육아휴직, 이 모든 것은 그에게 새로운 도전이었다. 직장인이 할 수 있는 한계에 도전하는 후회 없는 선택이었다.

그가 21년에 육아휴직을 한 이유는 단 하나다. 그냥 지금 회사라는 공간에 퍼져있는 불평, 불만, 불안감 속에서 자신의 시간을 흘려보내고 싶지 않았다. 첫 직장에서 회사를 변화시키고 바꾸기 위해 남과 다르게 남보다 더 현명하게 일을 해야 했다. 그런데 그가 늦게 깨달은 것이 있었다. 회사에 진짜 주인이 적었다는 것이다.

진짜 주인이 없는 회사에서 주인이 되자고 끊임없이 외쳤다. 끊임없이 일했다. 하지만 늘 돌아오는 말은 없었고 또다시 위기를 맞았다. 그 이유는 단 하나 진짜 주인이 없었기 때문이다. 천 길 낭떠러지에서 죽을힘을 다하는 주인이 없었다. 주인이 없었기 때문에 인재는 떠나고 또 떠났다. 상황을 되돌리기에는, 곪아 터진 상처가 아물기에는 너무나 많은 것들이 변해야 했다. 그래서 그는 더 많은 것을 배우기 위해 육아휴직을 냈다. 후회 없는 인생을 위해 다른 선택을 한 것이었다.

그는 휴직을 하기 전에 해야 할 일들을 적었다. 가장으로 떠맡은 경제적 역할부터, 자신이 가진 생각의 한계를 뛰어넘고, 진짜 실력을 검증하고 확장할 계획들을 짰다. 설레기도 하고 두렵기도 했지만 결심은 흔들리지 않았고 준비는 계속되었다.

몰입하는 사람의 뒤에는 간절함이 있다. 인생의 벼랑 끝에서 자신을 들어 올리는 간절함이 있다. 그에게 그 간절함이 또 찾아왔다. 그 간절함은 후회 없는 삶으로 이어졌다. 법적인 육아휴직을 막을 팀장은 없었다. 하지만 돌아온 팀장의 말은 그의 가슴을 후벼팠다. 그래도 모든 벽은 그를 더 강하게 만들고 있었다.

인생의 어쭙잖은 위로를 듣고, 도전해 보지 않은 사람의 이야기를 듣기에는 그에게 주어진 시간이 많지는 않았다. 철저한 준비만으로도 시간이 부족했다. 따가운 시선은 그의 의지에 더 큰 원동력이 될 뿐이었다.

'그래! 두고 보자. 내가 진짜 인생을 잘살고 있다는 것을 스스로 증명하자. 1년이라는 육아휴직, 이제는 내가 하고 싶은 것과 경험하고 싶은 것을 다 해보리라.'

휴직 전에 그는 서두르지 않고 차근차근 준비를 했다. 그동안 해온 사업공부는 실질적인 컨설팅으로 이어졌다. 사업 확장에 고민이 많은 친한 사업가의 사업을 무료 컨설팅하며 의견을 조율해 갔다. 회사의 철학과 영업확장까지 필요한 기획서와 제안서도 만들었다. 이 과정에서 그들은 자연스럽게 같이 일해보자는 마음이 들었고, 육아휴직과 도전을 병행하게 되었다. 결국 아내와 그는 도전을 결심하고 사업자등록을 하고 본사와의 동행을 시작했다.

경쟁사와의 우위를 선점하기 위해 본사는 영업망을 확장해야 했다. 또한 지역별 특성이 다르고 정부 입찰을 해야 하는 경우도 생겼다. 견적서를 만들고 제안서를 쓰며, 새로운 영업망을 확장해 나갔다.

영업은 처음이지만 그의 천성이 영업과 잘 맞았고, 책을 워낙 좋아하는 그였기에 그는 1주일 만에 '나는 영업 전문가입니다.'라고 말하며 다녔다.

시스템 전체를 알고, 견적부터 사람을 만나는 순간에 어떻게 무엇을 해야 하는지가 벌써 그의 머리를 지나 가슴속에 스며든 지 오래되었다. 그래서 갈수록 아내의 사무실에서 내는 실적은 늘어만 갔다.

또한 전문적인 영업에 약했던 회사의 시스템을 체계화하는 것도 그들의 몫이었다. 홈페이지를 기획하고 제작하며 회사 전체의 철학을 담았다. 또한 블로그와 유튜브를 만들어 회사의 홍보 및 체계적으로 영업망을 확장해 갔다. 그리고 어느새 영업망이 갖춰지고 있었다. 관공서를 상대로 한 입찰도 성과가 나기 시작했다. 4번의 입찰에서 2번의 입찰을 따냈고 2억3천의 매출액을 올렸다. 입찰을 통한 영업확장까지 발생하니 회사는 더욱더 활기를 띠었다.

하지만 사업은 항상 잘되는 일만 발생하지는 않는다. 본사 영업을 대신하고 계약을 하면서 돈의 논리가 작동했다. 영업을 확장하면서 기존에 기득권을 가진 사람들의 밥그릇을 빼앗기고 지키는 상황이 발생했다. 전국에 걸친 영업망 조성과 일의 확장은 회사 내

외부에서도 조그마한 잡음으로 이어졌다. 이런 잡음을 이겨내고 더 큰 회사기 되기 위해서는 본사와 파트너들과의 신뢰는 무엇보다 중요했다.

신뢰의 구축과정에서 중소기업, 가족 기업의 안 좋은 특성들이 나타나기 시작했다. 얕은 신뢰는 오해와 돈의 논리로 이어졌고, 시기와 질투가 본사와의 관계에서 나타났다. 믿을 만한 파트너 구축이 절실했지만 영업확장 중에 같이 할 수 있는 사람들과 그렇지 않은 사람들 사이에서 잡음과 시기 또한 발생하고 있었다.

그가 선택한 도전의 색깔은 어느덧 변하고 있었다. 끝을 향해 가고 있었다. 결국 본사와 계약을 종료하고 다른 도전을 시작했다. 휴직을 통해 만난 사람들과의 협업을 통해 그가 할 수 있는 범위의 일들을 점검하고, 새로운 일을 모색했다. 하지만 이미 계획한 사업의 핵심경쟁력은 본사에 있었기 때문에 새로운 일을 하기에는 시장과 시간이 너무나 모자랐다. 그리고 그는 자신의 도전에 '40프로 모자란 성공'이라는 종지부를 찍었다.

인생에는 2가지의 삶이 있다. 하나는 도전하는 삶이고, 다른 하나는 도전하지 않는 삶이다. 많은 사람들은 부자가 되고 싶어 하지만 누구나 부자가 되지 않는다. 왜냐하면 사람들은 도전 앞에서 자신의 안전판을 깨지 못하고 도망치기 때문이다. 그래서 부자의 반대말은 빈자가 아니라 도망치는 삶이다.

그렇다고 무작정 도전해서는 안 된다. 무턱대고 도전하는 삶은 젊었을 때 하는 것이다. 가정이 있는 사람은 회사를 다니면서 철저한 준비를 하고 테스트를 거치며 시장을 확보한 후에 퇴사를 해야 한다. 회사라는 안전판이 답답할 때도 있지만 돌아갈 안전판이 있다는 것은 결코 하찮은 것이 아니다.

회사는 무척 소중한 너무나도 감사해야 할 보물창고다. 리스크가 적은 도전의 무대다. 도전에서 성공의 길을 가지 못한다 하더라도 다시 돌아올 회사가 있다는 자체만으로 축복받은 것이다.

도전은 리스크를 가진다. 100명 중 93명의 사람들이 실패한다. 7명의 사람만이 성공의 길을 가고 그 성공도 유지하기 위해서는 밤낮없이 자신의 경쟁력을 키워야 한다. 만약 첫 성공에 도취되어 성장하지 않는다면 경쟁력을 잃어간다. 그래서 가장 중요한 것이 바로 자신의 '핵심경쟁력'이다.

그도 자신의 핵심경쟁력이 충분히 있었다. 하지만 그가 능력을 발휘한 무대는 완전히 색다른 무대였다. 회사를 위해 홈페이지, 유튜브, 블로그를 기획하고 만드는 것은 그가 잘하는 부분이었다. 반면 그의 아내와 함께한 대리점은 영업과 사업 확장을 할 뿐 핵심적인 경쟁력은 본사에 있었다. 한마디로 갑이 아니라 을이었다.

사업 파트너로 영업을 확장하고 성공적인 입찰도 따냈다. 하지만 갑을 관계에서 을이기에 결국 파트너 관계는 살얼음이 되고 결국은 박살이 났다. 그때 그는 자신의 사업 스승의 말이 생각났다.

"사업 같이 하지 마. 수천 명의 사장을 봤지만 동업해서 잘된 케이스를 못 봤어. 언젠가 문제가 생겨. 하지 마, 절대 하지 마."

그는 인생의 도전에 열정을 다했고, 성과도 났다. 더불어 그는 사람과의 관계, 비즈니스의 정글, 약육강식에 대한 절대적인 경험을 했다. 리스크를 생각했지만 그렇게 빨리 올 줄은 몰랐다. 어떤 상황에서도 그는 흔들리지 않는 뭔가가 있었고 그 상황을 조용히 생각했다. 그리고 그는 깨달았다.

'정말 직장에서는 얻지 못할 인생의 소중한 경험을 주셔서 감사합니다.'

선택하지 않은 비자발적 경험은 상처만 남긴다. 하지만 자발적 경험은 근육을 남긴다. 그에게는 천금을 줘도 아깝지 않을 사업에 대한 실전 경험을 얻었다. 인생의 안전판을 수십 배는 넓힌 경험이었다. 깨진 경험이 아프긴 했지만 도망치지 않은 그의 도전은 어느덧 자신의 부족함을 지탱하는 튼튼한 근육이 되었다. 그리고 또다시 그는 결심한다.

'이제는 나만의 유일무이한 핵심경쟁력을 만들 것이다.'

회사에 복직하겠다는 그의 결정은 단호했다. 탐탁지 않은 시선이 기다린다는 것은 당연했다. 하지만 그런 시선의 무게보다는 세 아이의 아빠이자 가장의 무게가 더 무거웠다. 그리고 돌아갈 곳이 있다는 것이 무척 고마웠다. 도전을 통해 가슴에 후회를 남기지 않음에 더 감사했다. 그리고 그는 알고 있었다. 자신의 안전판을 지키는 핵심경쟁력이 부족하다는 것을…….

06
순서를 파괴하면 생기는 일들

그는 처음 회사에 입사를 했던 기억이 났다. 그때의 면접관은 지금 두산그룹의 곽상철 사장님이다. 곽상철 사장님은 면접에서 그에게 물었다.

"서형덕 씨! 형덕 씨는 어떤 일을 하고 싶으세요? 특별히 가고 싶은 부서가 있나요?"

그리고 그는 대답했다.

"예, 제일 힘든 곳으로 보내주십시오"

그는 어렸을 때부터 농사와 같은 일을 하면서 땀의 가치를 배우며 자랐다. 그래서 그는 인생의 편안한 길보다 어려운 길을 먼저 선택했는지 모르겠다. 무슨 배짱인지 고난에 손 내밀어 치열하게 고민하고 배웠다. 심지어 회사의 파업과 법정관리 속에서 성장의 빛을 찾았다. 같이 일하던 동료까지 떠나가는 숨 막히는 상황을 겪으면서 누구보다 치열하게 인생을 고민하고, 배움에서 길을 찾았다.

그에게 배움은 '인생에 대한 책임'이었다. 자신의 인생과 순간순간을 더 소중하게 살기 위해서 그는 어려울 때마다 배움을 선택했다. 배움에 대한 선택은 어느덧 그의 자신감으로 이어졌다. 문제를 해결하는 전문가, 닥쳐오는 문제를 해결하고 프로젝트를 완수하는 전문가로 우뚝 서게 되었다. 이런 과정에서 그가 자주 하는 말이 있었다.

"책임은 제가 질 테니까 실행하세요. 나머지 예산문제도 제가 다 해결합니다."

왜 그는 이런 말을 했을까? 그는 머리로 알기 전에 몸으로 먼저 알았던 것 같다. 지금은 돌아가신 아버지의 농사를 도우면서 자연스럽게 체화된 책임감이었다. 그리고 이런 책임감은 한계에 부딪힐 때마다 '장벽을 넘는 힘'으로 변해 있었다.

분업화된 대기업에서 부서 간의 벽을 허물고 문제를 빠르고 정확하게 해결하기 위해서는 책임지는 사람이 필요했다. 자신의 결정에 책임을 지는 순간 일은 빠르게 진행된다. 물론 빠른 진행도 중요하지만 더불어 정확한 해결도 필요하다. 정확한 해결은 능력이다. 능력은 이론과 경험에서 얻어진 축적된 시간의 결과다. 그리고 이 능력에 테스트를 통한 검증이 결합되어야만 정확한 해결이 이루어진다.

엔지니어로서의 삶에서 그는 상상설계와 품질을 사전에 확보할 수 있는 구조가 목표였다. 누구도 가지 않은 새로운 길을 TFT를 만들어가며 표준을 정하고 기준을 잡아갔다. 책임에 한 발 물러서는 사람들의 일들을 스스로 주도하고 책임지며 벽을 허물기 시작했다. 이런 그의 도전은 부족한 인력과 시간을 확보하기 위한 몸부림이었다. 하지만 그 몸부림을 통해 그는 중요한 것을 얻었다.

부서 간의 벽을 허무는 경험이었다. 벽을 허문다는 것은 전체적인 시스템과 세세한 부분을 통째로 머리에 넣지 않고서는 불가능하다. 알지 못하면 엄청난 저항을 넘어설 수 없다. 그에게 이런 벽을 허무는 축적의 시간은 빠르고 정확한 해결안을 내는 전문가로 인정받는 기회가 되었다.

이런 벽을 허무는 경험들로 그는 육아휴직을 단행했는지도 모른다. 원하는 바를 한 번에 이루지는 못했다. 하지만 그는 조금의 후회를 남기지 않았다.

그리고 다시 돌아온 회사는 기업회생이라는 몸부림의 터널을 지내고 있었다.

복직했을 때 싸늘한 시선은 당연한 것이었다. 하지만 그는 시선에 흔들릴 수 없는 가장이었다. 후회 없는 인생을 선택한 강한 사람이었다. 비록 엔지니어의 삶에 후회는 없었지만 끝까지 이 길만을 고집하기에는 그의 마음은 더 큰 곳을 향한다는 것을 그도 알고 있었다.

'내가 진짜 원하는 삶은 무엇인가?'

그는 복직을 하면서 또다시 이 질문을 던지는 자신을 발견했다.

복직을 하고 회사 전체를 바라보는 시간은 갈수록 늘어났다. 회사의 전체 조직에 대한 문제는 또 다른 차원이었다. 회사의 잘못된 의사결정으로 회사가 힘들어질 때 순서를 지키는 제안을 수차례 했던 그였다. 하지만 그의 제안은 잘 전달되지 않았다. 그럼에도 불구하고 그는 '다시 무너지지 않는 회사'를 생각하는 자신을 발견했다. 왜냐하면 그는 이미 사업에 대한 이론과 경험으로 눈을 떴고, 회사에 필요한 것이 무엇인지 머리로 생각하고 몸으로도 기억하고 있었기 때문이었다.

무너지지 않는 회사를 위한 제일 중요한 2가지가 있다. 그것은 바로 제품과 서비스의 경쟁력, 기업문화경쟁력이다. 이 중에서 제품과 서비스의 경쟁력은 기획단계의 의사결정에서 85% 이상 결정된다. 하지만 회사가 어려워진 것은 핵심 의사결정 단계에서 허술함이 있었고, 고객의 니즈와 목소리를 반영하지 못한 결과였다. 그리고 그는 고민했다.

'다시 무너지지 않는 회사를 위해 나는 지금 어떤 후회 없는 결

정을 내려야 하는가?'

이런 고민 속에서 그는 다시 회사의 회생방안을 꺼내 들었다. 그리고 너무 많은 얼굴들이 스쳐 지나갔다. 회사를 나간 선후배, 지금도 치열하게 싸우는 동료들, 그리고 가족들……. 그는 방법을 찾아야 했다.

'그래 이제는 다른 길을 걸어보자.'

아마존의 제프 베이조스는 말한다.

"일단 시작하고, 실수는 나중에 고쳐라. 순서를 지키면 혁신은 일어나기 어렵다."

순서를 다 지키고 조직을 다 지키는 혁신은 10% 내의 개선이다. 하지만 혁신은 업무의 프레임, 생각의 프레임을 바꿔야 이룰 수 있다. 결코 순서를 지키면서 실행하는 혁신은 하다가 지치고 하는 흉내만 내게 된다. 그래서 그는 다른 방법을 찾기 시작했다.

그의 MBTI는 ENTJ다. 개척자인 ENTJ의 순서 파괴 성향은 갈수록 짙어졌다. 결국 그는 엔지니어에서 프로젝트 매니저로 부서를 옮기게 되었다. 그는 프로젝트 매니저 일도 진공청소기처럼 빨아들이면서 배워갔고, 사업적 마인드를 모든 일에 적용시켜 갔다.

어떤 기회가 오면 제안을 하고, 그 제안을 주도면밀히 검토했다. 장기적인 회사의 방향과 인생의 옳은 방향이라면 대체방안을 생각해서라도 실현방법을 찾았다. 이런 과정에서 육아휴직을 내며 배운 야생의 실전 경험은 그를 더욱더 '후회하지 않는 선택'으로 내몰았다.

그의 생각 프레임은 이미 확장되었고 더 확장되고 있었다. 불합리한 회사의 의사결정과 위기가 감지되면 어떻게든 의견을 개진해서 재검토의 기회를 만들어갔다. 심지어 기업회생과정에서 위기 극복을 조기에 탈출하기 위한 팀의 역할과 회사의 회생방안을 만들었다. 고민 끝에 팀에서 세미나를 했고, 어떻게든 회사의 위기를 기회로 바꾸는 돌파구를 찾으려 했다. 어떻게든 다시 무너지지 않는 회사를 만들기 위해 '진짜 주인은 바로 직원이다.'라는 마음으로 온 힘을 다했다.

그러던 중 회사에서 형님 동생 하는 팀장과 회사에 대한 이야기를 나누게 되었다.

"형님! 고객은 아직 우리 차를 사고 있는데 감사라도 표현해야죠. 월급은 삭감되었는데 회사는 돈을 더 벌 생각을 안 합니다. 판촉을 늘릴 생각을 안 합니다. 뭐라도 해야죠? 이래도 시간 가고, 저래도 시간 가잖아요. 그러면 좀 서로를 보듬어 가면서 옆에 있는 것에 감사하면서 8시간 지내면 안 되나요? 회사가 어려우면 직원들이 분위기가 다운되고 힘들면 회사는 뭐라도 해야 하지 않나요?

정말 사장님 만나서 독대하고 싶습니다. 예전에 회사 회생방안 써서 인사팀 보냈지만 만나지도 못하고, 정말 중요한 시점인데 어떻게든 회사가 할 수 있는 것은 해야 하잖아요."

"아! 정말 네 말이 다 맞다. 내가 사장님 전화해 줄 테니 한번 만나볼래?"

"정말요. 음~. 그러면 지금 전화해주세요. 언제까지 기다려요."

그렇게 팀장은 전화를 걸었고 사장님과 만날 기회가 찾아왔다. 정말 우연한 기회였다.

결국 그는 순서를 파괴하는 절실함과 진심으로 기회의 문을 열었다.

07
꾸준함과 탁월함의 비밀

그에게는 좌우명이 있다.

'나를 알고 사랑하며 서로가 도우면 길이 된다.'

입사해서 떠나는 동기들과 회사의 어려운 상황을 이겨내기 위해 그는 책을 읽었다. 그리고 그 책을 통해 자신과 대화하고 자신을 사랑하는 법을 배워갔다. 그 과정에서 자신을 알고 사랑하는 마음이 없다면 그 무엇도 이겨내지 못한다는 것을 깨달았다.

깨달음이 담긴 '함께 만드는 길'에 대한 염원을 담은 좌우명을 가슴에 새긴 지도 오래되었다. 하지만 직장과 가정은 아직까지 그에게 쉬움을 허락하지 않았다. 그의 인생에 더 많은 난관을 선물했다. 인생의 난관을 지나온 그는 또 다른 중요한 깨달음을 얻게 된다.

'내가 좋아하고 잘하며 남에게 도움이 되면 끝까지 하라.'

후회 없는 인생을 위한 가장 큰 깨달음이 그에게 찾아온 것이다. 이 깨달음은 《즐겁게 일하는 사람은 1%가 다르다》라는 두 번째 책을 쓰면서 찾아왔다. 책을 쓰면서 그는 자신의 인생을 통째로 돌아봤다. 그리고 어느 순간 갑자기 찾아온 깨달음이었다.

'내가 좋아하고 잘하는 것을 찾고 남에게 도움이 된다면 끝까지 하라.'는 깨달음에서 그는 평생을 책을 쓰는 사람으로 살아갈 것을 다짐했다. 더불어 그의 책에는 직장에서 이루고 싶은 소망을 담았다.

'대한민국에서 가장 행복한 자동차 회사를 만들자.'

이 소망은 입사하자마자 시작된 고난의 시간에서 시작되었다. 힘든 시간을 겪고 있는 동료를 보면서 더 행복한 회사를 꿈꾸었다. 냉소적으로 변한 지금의 문화에서 허황된 꿈일 수도 있었다. 하지만 그는 '포기하지 않는다면 조금씩 변화는 시작된다.'라는 믿음이 있었다. 이런 그의 포기하지 않는 믿음이 결국 사장님을 만날 수 있는 기회로 연결된 것이었다.

금요일, 드디어 사장님과 만나게 되었다.

"사장님! 이렇게 기회를 주셔서 감사합니다."라는 짧은 인사와 고마움을 표현하고 그는 회생방안에 대한 브리핑을 시작했다. 1시간에 50장 정도의 파워포인트 내용을 보고드렸다. 너무 많은 것을 담았다는 우려도 있었지만 잡은 기회를 통해 어떻게든 '다시 무너지지 않는 회사'를 만드는 연결고리를 계속 이어가고 싶었다.

보고받은 사장님은 이런 말을 했다.

"우리 회사를 위해 이렇게 깊이 고민해줘서 고마워. 하지만 조금 더 구체적인 방안을 가지고 다시 이야기해보자고."

그의 마음을 이해한 사장님과의 미팅은 4차례 지속되었다. 지금 할 수 있는 구체적인 실행계획을 여러 부서에 물어보면서 최종안이 만들어졌다. 하지만 최종실행 여부는 또 다른 과정을 거쳐야 했다. 마지막 관문인 본부장급 설명회를 준비하고 최종보고를 마쳤다. 설명회를 들은 한 본부장이 이런 말을 했다.

"오랜만에 나도 가슴이 뜨거워지네. 나도 더 감사하는 마음으로 지내야겠어."

그렇게 무사히 본부장들의 허락을 받아 정식 TFT가 확정되었다. 회사의 변화를 향한 한 걸음이 시작된 것이었다. 결국 끈질김이 문을 열었다. 그동안 회사에서는 일어날 수 없었던 방식의 TFT가 구성되었고, 직원의 자발적 움직임을 통한 회사의 변화에 물고를 튼 첫 사례였다. 하지만 쉽지 않은 여정은 계속되었다.

TFT 멤버를 구성하고 조직을 만들고, 사장님과 TFT 멤버들과의 첫 미팅도 숨 가쁘게 진행되었다. 더불어 추진할 일에 대한 새로운 아이디어의 창출부터 실행, 예산확보 등 수없이 산적한 일들을 헤쳐 나가야 했다. 부서 간의 벽을 허물고, 새로운 시도에 대한 저항과 말들은 끊임없이 이어졌다.

엎친 데 겹친 격으로 중요한 회사의 선포식을 준비하던 중 아버지가 돌아가셨다는 비보까지 닥친 그는 털썩 주저앉는다.

'아! 내가 왜 이렇게 열심히 살아야 하는가?'라는 현타가 밀려오기도 했다. 하지만 그는 싸늘히 식은 아버지의 얼굴을 만지면서 또 다시 결심한다.

'아버지! 고생 많이 하셨습니다. 8남매 기른다고 정말 고생 많이 하셨습니다. 그동안 많이 호강시켜드리지 못해서 죄송합니다. 하지만 어머니 잘 돌보고 제 인생도 후회를 남기지 않겠습니다.'

세상에는 2가지 지식이 있다. 아는 지식과 알고 실행한 지식이다. 아는 지식은 들어서, 읽어서 아는 지식이지만 그 세세한 과정을 경험하지는 않은 지식이다. 반면 알고 실행한 지식은 그 속에 들어있는 수많은 우여곡절까지 경험한 지식이다.

이 두 가지의 지식의 레벨은 어쩌면 하늘과 땅 차이다. 알고 실행의 영역까지 다다른 사람은 용기의 다리를 건넌 사람이다. 자신의 인생에 후회를 남기지 않는 용기를 선택한 사람이다. 어떤 천길 낭떠러지의 외나무다리를 만나더라도 용기를 수시로 꺼내 들 수 있는 사람이 바로 앎과 실행의 영역에 다다른 사람인 것이다.

그는 회사에서 아버지의 죽음 앞에서 인생을 레벨업했고, 후회 없는 인생을 향한 도전을 계속하고 있다. 죽음 앞에 후회하지 않는 마지막을 위해 꾸준히 자신이 해야 할 것들을 하나씩 해나가고 있다. 그리고 그는 지금의 일을 해나가면서 가끔 이런 질문이 든다.

'나는 어떻게 회사와 나의 삶에서 지금까지 오게 된 것일까?'

'어떻게 두려움 없이 후회 없는 선택을 하고 있는 것일까?'

누구도 건물을 한 번에 지을 수 없고, 누구도 한 번에 옥상까지 다다를 수는 없다. 상상 속에서 건물의 도면을 만들고, 기초를 다져야 한다. 골조를 올리고, 한 층 한 층 쌓아가야 한다. 꾸준히 단계를 밟지 않으면 튼튼한 건물은 지어지지 않는다.

부자의 길도 마찬가지다. 자신의 능력을 돈으로 바꾸는 과정을 거치고, 그 돈으로 투자를 하고 사업 시스템을 만드는 과정을 거쳐야 한다. 투자를 공부해서 노동소득을 투자소득으로 만들고, 사업을 공부해서 사업 시스템을 만들어야 부자의 길을 갈 수 있다. 부자의 길을 열 수 있다.

사업을 한다고 다 인생의 부자는 아니다. 인생의 부자는 두려움을 용기로 바꿀 수 있는 사람이 진짜 부자다. 도전에 주저하지 않으며, 새로운 삶을 선택할 수 있는 용기를 가진 사람이 진짜 행복한 부자다. 이런 부자들은 후회를 남기지 않는 선택을 한다.

그도 지금 무너지지 않는 회사라는 건물을 짓고 있다. 동시에 자신의 인생에서도 후회하지 않는 인생에 부자가 되는 길을 용기있게 나아가고 있다. 그가 처음 선택했던 성공한 엔지니어의 삶,

프로젝트 매니저 업무, 새로운 팀을 만들어 다시 무너지지 않는 회사를 만드는 일, 이 모든 것이 후회하지 않는 인생을 위한 그의 선택이었다. 그리고 그는 지금도 내일도 꾸준히 '후회하지 않는 길'을 선택한다.

이 후회하지 않는 길을 가고 있는 그는 어렴풋이 생각했다.

'꾸준히 정성을 다하는 하루! 그 하루하루가 나의 인생을 더 풍요롭게 만들고 있구나! 지금 느끼는 이 풍요로움도 하루하루 꾸준히 담았던 나의 '진심'이 준 선물이 아닐까?'

08
진심, 당신이 가진 또 하나의 카드

그가 지금 겪고 있는 세상은 백화점이다.

많은 사람들의 꿈들이 진열된 백화점에서 자신의 꿈을 찾고 있다.

세상이라는 백화점! 수없이 많은 물건들! 수없이 많은 사람들!

그 물건과 사람들 속에는 누군가의 꿈이 있다. 수없이 많은 꿈들 속에서 우리는 자신의 꿈을 찾아 헤맨다. 그런데 어느 순간이 되면 꿈꾸는 시간이 줄어든다. 그렇게 많다고 생각했던 시간이 줄어들기 시작한다. 돈을 벌고 내 인생을 온전히 내가 책임져야 하는 시기가 왔을 때, 평생을 함께할 여자를 만났을 때, 천금을 주고도 바꾸지 않을 아이들을 만났을 때 자신의 생명과 시간은 나누어진다.

시간이 나누어지면 어떤 일이 벌어질까? 하루종일 바쁘다. 저녁이 되고, 잠을 잘 때면 녹초가 된다. 번 아웃이 오고, 때로는 우울증이 찾아오기도 한다. 그런데 더 답답한 것은 이런 환경이 언제 끝날지를 모른다는 것이다. 그래서 더 힘들고 더 지쳐간다.

'왜 내가 이 모든 것을 혼자 감당해야 할까?'라는 생각이 문득 문득 든다. '참 힘들다. 아!' 하는 소리가 터져 나온다. '왜 이럴까? 왜 이런 일이 벌어질까?'라는 질문을 수없이 던지지만 그 답을 찾기가 너무 어렵다. 왜냐하면 '잘못된 질문'을 던지고 있기 때문이다.

상황에 매몰되는 질문만 던지고 있기 때문이다. 이렇게 해서는 답이 안 나온다. 그래서 우리는 단 하나의 질문을 기억해야 한다.

"경희야! 이게 진짜 네가 원하는 거 맞아?"
"선영아! 이게 진짜 네가 원하는 거 맞아?"
"춘식아! 이게 진짜 네가 원하는 거 맞냐구?"

'이게 진짜 네가 원하는 거야?'라는 질문을 던져야 한다. 이 질문은 세상이라는 백화점에서 다른 사람의 꿈, 다른 사람의 물건에 집중하는 인생에서 벗어나게 한다. 자신을 바라보고 자신이 원하는 꿈에 집중하게 하는 힘이 이 질문 속에 있는 것이다.

그 또한 '이게 진짜 네가 원하는 인생이야?'라는 질문을 수없이 던졌다. 질문을 던지고 자신의 인생을 써 내려갔다. 그가 가고 싶은 여행, 만나고 싶은 사람, 하고 싶은 일, 미치고 싶은 영향력, 어떤 아빠, 어떤 남편, 어떤 자신이 되고 싶은지를 써 내려갔다. 자신의 사진도 오려서 미래의 그가 가고 싶은 곳에 붙여놓았다. 심지어 되고 싶은 롤모델도 가까이 붙여놓으며 자신이 어려울 때 대화도 한다. 그렇게 그는 백화점에 진열된 무수한 꿈이 아닌 자신의 꿈에 몰입하는 삶으로 다가갔다.

그가 던진 질문은 꿈에 대한 간절함을 만들어 내는 재료였다. '이게 진짜 네가 원하는 인생이야?'라는 질문은 '이제는 정말 내 인생을 살 거야.'라는 각오로 바뀌었다. 그 과정에서 간절함이 각오로 바뀌고 진짜 인생을 찾기 시작했다.

수없이 많은 질문이 진짜 꿈을 만나면 어떻게 될까? 꿈에 대한 질문이 없어지고 꿈을 이루기 위한 계획과 하루에 해야 할 일들만 남는다. 분산되지 않은 시선으로 하나하나 이루어나가는 간절함만 남게 된다. 오로지 나의 진짜 꿈을 향한 간절함만이 남는 것이다.

간절함에도 수준이 있다. 그가 좋아하는 〈도깨비〉 드라마에 보면 이런 말이 나온다.

"신의 계획에 변수가 생길 간절함"이란 말이다. 누군가는 "나에게는 간절함이 있습니다."라고 말하지만 누군가는 "신의 계획에 변수가 생길 간절함이 있습니다."라고 말한다. 당신이라면 어떤 사람을 더 신뢰할 것 같은가? 당연히 두 번째 사람일 것이다. 왜냐하면 그 사람의 말과 태도에 담긴 '진실됨'이 세상을 빛나게 하기 때문이다.

어느 순간 그도 깨닫게 된다.

'그래, 이게 바로 '진심'인 거야. '신의 계획에 변수가 생길 간절함으로 세상을 밝게 하는 마음'이 마음이 바로 진심인 거야.'

누구나 자기 안에 담고 있는 또 하나의 카드다 있다. 세상의 풍파 속에서 자신을 지탱하는 또 하나의 카드다. 그 카드는 성장을 통해 만든 자신과 간절함이 결합된 결과물이다. 바로 진심이다.

누구나 행복한 인생을 살려고 하지만 자신의 진심을 찾은 사람은 많이 없다. 하지만 우리는 자신의 진심을 찾는 여정을 떠나야 한다.

그는 자기 안에 진심이라는 또 하나의 카드가 새겨질 때쯤 궁금해졌다.

'뭐지, 이 느낌은? 내가 가진 이 진심이란 실체는 어떻게 생겨난 것일까? 이 진심은 무엇으로 구성된 것일까?'

《월든》에 보면 이런 구절이 있다.

"저는 숲으로 갑니다. 정교하게 인생을 살고 싶고 인생의 본질과 마주하고 씨름하며 죽을 때 '내가 잘못 살았구나!'라는 후회를 하지 않기 위해서입니다."

《월든》의 저자는 후회하지 않는 삶을 위해 숲에서 인생을 본질을 찾아 헤맨다. 그 속에서 혼자만의 삶의 가치를 만들어간다. 그런데 여기서 중요한 말은 '후회하지 않는 삶'이다. 후회하지 않는 삶을 누구나 원하지만 대부분의 사람들은 후회하는 삶을 살아간다.

왜 그럴까? 그것은 바로 내 안의 진심과 마주하지 못했기 때문이다. 세상이라는 백화점에서 다른 사람의 꿈에 먹이를 주고, 자신의 꿈속에 담긴 진심에는 먹이를 주지 않았기 때문이다.

당신도 다른 사람을 위해 자신의 생명과 같은 시간을 사용하고 있지 않은가? 남편, 아내, 자식, 부모, 집, 돈, 회사, 동료와 같은 자신이 아닌 누군가의 꿈을 지원하기 위해 당신도 생명의 시간을 사용하고 있다. 자신의 꿈이 아닌 남의 꿈을 꾸고 있는 것이다.

꿈은 중력이다. 시간을 필요로 하는 중력이다. 나의 꿈이 아닌 다른 곳에 시간을 사용하면 내 꿈에 필요한 에너지는 모이지 않는다. 자신의 꿈에 대한 중력이 커지지 않기 때문에 꿈과 떨어진 일상을 살아간다. 더 지치고, 더 힘들어지는 것이다. 그리고 결국 가슴속에 꿈을 묻게 되는 상황이 발생한다.

그럼에도 불구하고 우리는 가슴속에 묻어둔 꿈을 꺼내야 한다. 이 꿈을 향한 간절함을 키우고, 작게 작게 실행해서 조금씩 굴러가는 중력을 만들어야 한다. 꿈을 향한 간절함으로 꿈을 굴리다 보면 그 안에는 '진심'이 만들어진다. 그렇게 만들어진 진심이 '후회 없는 삶'을 만나게 되면 '죽음 앞에 당당할 수 있는 진심'으로 변하게 된다.

그도 방황을 많이 했다. 마음이 흔들리는 방황의 종지부를 찍기 위해 많은 책을 읽고, 많은 질문을 던지며 새벽을 만났다. 새벽이라는 생명의 시간 속에 간절함을 더하며 자신의 진심을 찾아갔다.

진심을 찾아가는 동안 그도 무수히 많은 변수를 만났다. 그가 만난 변수는 12가지다. 잘못된 사랑, 세상의 인식, 관계, 변화, 배움, 결정, 융합, 도전, 우선순위, 습관, 나눔과 행복, 그리고 마지막 진심이라는 변수였다. 이 12가지 변수를 만나고 깨달음을 얻으며, 그의 진심은 더욱 짙어져 갔다. 더불어 그의 진심을 더 빛나게 만드는 두 가지 재료가 있었다.

하나는 '신의 계획에 변수가 생길 간절함', 다른 하나는 '죽음 앞에서 후회하지 않는 삶을 산다는 진심'이었다.

끝이 정해진 죽음 앞에 후회 없는 삶을 선택할 수 있다는 것은 정말 위대한 삶이다. 그 무엇과도 바꿀 수 없는 위대한 삶이다.

변화무쌍한 세상에서 변하지 않는 진실이 있다. 그것은 바로 '세상은 변한다.'라는 것이다. 이런 변화하는 세상에서 잘 살아가기 위해서 우리가 가져야 할 단 하나의 카드를 말하라면 바로 '진심'이다.

세상 모든 순간은 당신에게 '후회 없는 삶으로의 초대'를 하고 있다. 하지만 진심이 없다면 그 초대장은 다른 사람의 것이 된다. 진심이란 카드를 만약 당신이 가지게 된다면, 그 모든 순간 당신은 '후회 없는 지금'을 선택할 수 있을 것이다.

그는 오늘도 자신의 후회 없는 삶을 선택한다. 자신의 꿈을 향해 발걸음을 옮긴다. 그리고 가슴속에 진심이라는 카드를 넣어둔다. 닥쳐올 문제에 꺼내 들 열두 개의 카드를 준비한다. 바로 '열두 진심'이다. 세상을 향한 '열두 진심'은 결코 외면하지 않는다. 결국 그는 오늘도 진심의 문을 활짝 열었다.

4장 열두 진심, 우주를 내 편으로 만들다

도전과 좌절의 끝에서 그는 드디어 일과 삶이 일치하는 삶을 살아가기 시작했다.
그리고 후회 없는 인생을 살아가기 위한 '열두 진심'의 문을 활짝 열어젖힌다.
그 열두 진심의 세상은 누구도 그 무엇도 두려움을 허락하지 않는 당당함과 자신의 미래에 대한 도전을 끌어들인다.
그리고 사랑으로 가슴 뛰는 삶을 열어간다.
지금부터 그가 만든 것이 아닌 내가 만든 열두 진심으로 함께 여행을 떠날 것이다.
기대하라. 지금부터 당신의 진심이 울릴 것이다.

01
반드시 알아야 할 열두 진심

"서 작가! 서 작가는 왜 이렇게 열심히 책을 써?"

이 질문을 생각하면 나는 '부모'라는 단어가 떠오른다.

2007년 나는 억만금을 줘도 바꾸지 않을 첫째를 얻었다. 첫 아이를 안고 배앓이하는 아이를 재우기 위해 밤에도 수없이 화서동 골목길에서 우는 아이를 달랬다. 내 심장과 아이의 심장이 닿아서 교감하는 부성애가 강해서인지 2년 뒤 둘째를 낳았다.

회사의 워크아웃과 파업이라는 어려운 상황에서도 아내와 나는 '힘들 때 더 힘들어 보자!'라는 마음으로 둘째를 낳았다.

첫째를 낳고 난 다음에 '어떻게 하면 더 좋은 부모가 될까?'를 고민하며 1일 1독을 했고, 회사의 파업으로 가정의 안전판이 흔들릴 때 물러서지 않는 독서를 했다. 단지 좋은 부모가 되고, 아이들을 잘 키우고 싶다는 생각이 내 인생을 살아가는 가장 큰 이유였다.

두 아이를 키우면서 아내와 내가 즐겨보던 육아 프로그램이 있었다. 바로 오은영 박사가 하는 〈우리 아이가 달라졌어요〉였다. 이 프로그램은 보통의 아이와 다른 폭력적이고 반항적인 아이들의 육아 훈육방식이 많이 소개되었다. 흔한 예로 반항적이고 폭력적인 아이의 다리를 제압하고, 팔을 잡아서 옴짝달싹 못 하게 만든 후 훈육을 하는 방식이 아무런 경고 없이 방송되었다.

하루는 잘 지내던 둘째가 고집을 피우는 시기를 지날 때쯤 아내와 문제가 벌어졌다. 떼쓰는 아들을 제압하기 위해 아내가 〈우리 아이가 달라졌어요〉에서 오은영 박사가 제안한 방식으로 아들을 훈육했다. 발로 아이의 발을 제압하고 팔을 움직이지 못하게 제압했다. 하지만 프로그램처럼 아이는 진정되지 않았다. 갈수록 더 심하게 반항하며 '엄마 왜 이래. 엄마가 이런 사람이 아닌데. 아빠! 엄마 왜 이래?'라는 눈빛을 보내며 발악을 하기 시작했다. 아이의 그런 모습을 보면서 나는 아내를 제지했고, 아이를 안고 밖으로 나갔다. 아이는 몇 분이 지나자 진정되었고 잠이 들었다.

이 일이 있었던 후 나는 아이들에 대한 육아 책을 읽고 정리하기 시작했다. 결국 나는 책 속에서 정상적인 아이들도 이런 경우가 흔히 발생한다는 사실을 알았고, 잘 알지 못하는 초보 부모를 지내며 아이에게 미안한 마음이 들었다. 나중에 〈우리 아이가 달라졌어요〉에서 폭력적인 아이의 훈육에 대한 경고의 문구가 포함되었다. 하지만 이 프로그램이 미치는 악영향에 대한 사과는 없었다. 그리고 나는 대부분의 정상적인 아이들의 훈육에 큰 영향을 미치는 인기 프로그램의 악영향을 통해 깨달음을 얻었다.

'배우지 않으면 제대로 알지 못하면 당한다.'

그렇게 나는 아이들을 키우면서 육아에 대한 수없이 많은 책을 읽었고, 책을 써 내려갔다. 그리고 세상에는 인간이 태어나서 성장하고 죽음에 이르기까지 공통된 삶이 있다는 것을 발견했다. 나는 이것을 '열두 계단'이라 불렀고, 이 〈열두 계단〉의 출판을 준비 중이다.

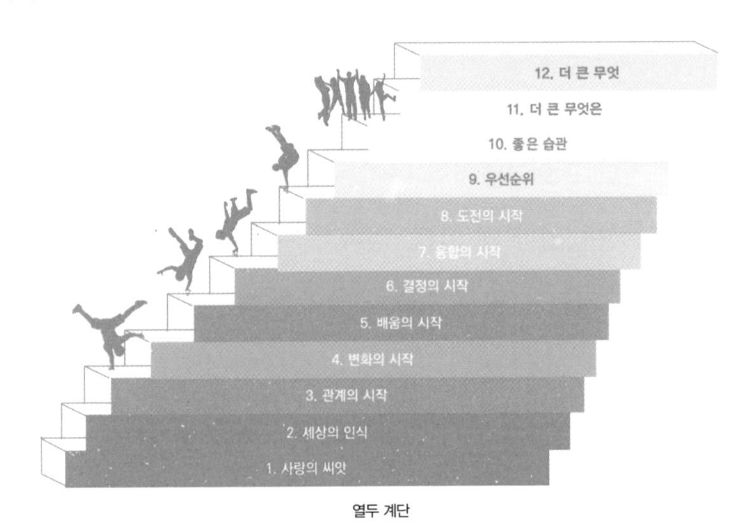

열두 계단

세상에는 '열두 계단'이 존재한다. 사랑의 씨앗으로 탄생한 인간은 우주와 연결된 사랑에서 부모와 연결된 세상을 만나게 된다. 세상의 신비함을 웃고 울고 맛보고 뒤집으며 만나게 된다. 이런 세상 속에서 만난 첫 번째 관계는 바로 부모다. 부모의 체온 눈빛 손길에서 아이들의 두뇌는 폭발적인 변화를 한다.

시간이 지나면서 아이들은 부모와의 관계에서 벗어나 스스로 독립을 외치며 성장한다. 대자연과 뛰어놀고 다치고 아물면서 성장한다. 성장의 과정에서 아이들은 사회를 만나게 되고 잘 살아가고 함께 살아가는 법을 배운다. 이런 성장과 배움 속에서 서서히 자신을 발견해 간다. 순간순간 자신의 의지로 삶의 방향을 틀면서 결정의 순간도 지나게 된다.

배움과 결정의 과정을 지나면서 아이는 어른이 되고, 작고 소소한 질문으로 배움의 깊이를 더해간다. 이렇게 던지기 시작한 질문은 갈수록 커지게 된다. 그리고 마침내 '나는 어떤 사람으로 살아갈 것인가?'라는 질문과 마주친다. 배우고 결정한 경험에 질문이 더해지며 진짜 자신을 향한 도전을 시작한다.

도전에 숨어있는 성공과 실패의 양면성을 경험하며 좌절도 하게 된다. 하지만 서서히 느끼고 깨달아간다.

'도전하지 않으면 현재의 나는 미래의 내가 될 수 없구나!'

도전은 항상 뜻밖의 결과를 만든다. 더 큰 기회를 만들기도 하고 생각의 빅뱅을 만들기도 한다. 하지만 높이 올라간 후의 실패는 그만큼 쓰다는 사실에서 일상의 소중함을 배운다.

일상과 도전은 항상 싸움을 한다. 그 싸움에서 이긴 쪽에 따라 '성공의 열매를 딸 것인지 아니면 실패의 열매를 딸 것인가?'도 결정된다. 하지만 깨달아야 한다. 실패는 몇 프로 부족한 성공이라는 것을 깨달아야 한다. 도전의 성공과 실패는 우선순위에 따라 결정된다. 도전하면서 우선순위가 없는 삶을 산다면 그것은 허풍쟁이밖에 되지 않는다.

도전이 우선순위와 만나면 좋은 습관이 된다. 운동하는 습관, 책 읽는 습관, 경청하는 습관, 배움을 돈으로 바꾸는 습관은 좋은 습관이다. 이런 습관을 지닌 사람이 진짜 행복한 부자가 될 수 있다.

"혹시 당신은 도전을 통해 얻은 습관이 있는가?"

많으면 좋겠다. 그래야 당신의 미래가 더 풍요롭고 평화로워질 것이기 때문이다.

좋은 습관과 연결된 풍요로운 평화는 '조화롭다.'라는 뜻이다. 강함은 약함을 만들고 약함은 강함을 만든다. 물은 위에서 아래로 흐르고, 바위의 구석구석에 스며든다. 바람이 옷을 벗기는 것이 아닌 따듯함이 옷을 벗게 한다. 결국 조화롭게 스며드는 따스함이 흐름을 만들게 되는 것이다.

조화로운 습관에서 오는 흐름의 물결은 '나눔과 행복'의 길로 연결된다. 기쁨은 기쁨으로 슬픔은 슬픔으로 연결된다. 이 연결을 통해 우리는 '같이의 행복'을 만들어간다. 기쁨은 배가되고 슬픔은 반이 되는 경험으로 함께하는 더 풍요로운 세상을 열어간다.

하버드 대학 76년간의 연구에서 밝힌 행복한 삶의 필수 조건은 바로 '행복한 관계'다. 혼자만의 삶은 외롭지만 함께하는 삶에는 행복이 있다. 그래서 우리는 함께에서 오는 기쁨을 알고 눈을 떠야 한다. '함께의 가치'를 발견해야 한다.

사람에서 얻는 에너지와 물질에서 얻는 에너지는 차원이 다르다. 함께에서 나오는 에너지가 때로는 스트레스가 될지라도 우리는 함께 잘 살아가야 한다. 그 스트레스를 안을 수 있는 큰 그릇으로 더 큰 세상을 연결해야 한다. 마지막은 결국 우리가 함께 행복하게 잘사는 세상과 연결되어야 하기 때문이다.

열두 계단! 당신의 인생은 지금 어디에 위치하는가?

각각의 계단에서 만나게 될 마음을 나는 '열두 진심'이라 부른다. 이 열두 진심은 또 다른 세상으로 당신을 인도할 것이다. 그 세상의 주인공은 바로 당신이다. 먼저 시작하고, 늦게 시작했을 뿐 누구나 다다를 수 있다.

때론 한순간 무너질 수도 있다. 하지만 무너져도 당신의 가슴속에 깊이깊이 당신의 진심이 남아 있음을 잊지 않길 바란다. 당신의 가슴에 있는 '열두 진심'이 새로운 세상을 열 유일한 열쇠이기 때문이다.

그럼 지금부터 '열두 진심'의 문을 활짝 열 것이다. 나의 진심이 당신의 진심에 닿길 바라며 '열두 진심'이라는 비밀의 문을 연다.

02
첫 번째 사랑의 씨앗 그리고 세상

지금의 지구는 38억 년 전 빅뱅을 거쳐 탄생했다. 지구의 탄생 이후 24억 년에서 1만 년 전까지 여러 번의 빙하기를 거치면서 지금 지구의 모습을 갖추게 되었다. 지구에 살고 있는 인간은 500만 년 전쯤에 처음 출현하였다. 빙하시대를 거쳐 기아, 질병, 자연, 그리고 수많은 전쟁을 성공적으로 치르면서 적어도 24종의 인류가 사라졌고 지금의 신인류가 탄생했다.

그 어마어마한 역사의 산증인이 바로 인간이다.

처음 인간은 동물과 별반 다르지 않았다. 하지만 불을 사용하기 시작하면서 익힌 고기를 먹게 된다. 익힌 고기를 먹으면서 구강구조가 바뀌게 되고 뇌가 커졌으며, 언어와 생각도 함께 발전한다.

인간의 진화 과정

생각의 힘을 선사한 인간의 뇌는 약 1.13kg에서 1.36kg 정도다. 약 300억 개의 뉴런을 가진 뇌는 각각의 뉴런이 100개의 정보를 처리할 수 있다. 생명을 유지하고 위험을 감지하며 살아남은 역사가 인간의 두뇌에 저장되어 있다. 가장 멋지고 효율적이며 치밀하게 운용되는 최상의 컴퓨터처럼 무한한 정신의 힘이 두뇌에 있는 것이다.

우리 몸의 세포 수는 몸무게에 따라 다르지만 약 10조~100조 개가 된다. 1초에 10개씩 센다 해도 무려 1만 년이 걸릴지 모른다. 우리 몸의 체세포는 대부분 25~30일 정도 살며 1년 정도면 몸에 있는 거의 대부분의 낡은 세포는 죽어 없어지고 새 세포로 교체된다. 이런 세포들이 만든 모세혈관의 길이는 약 10만 킬로미터나 되고, 이 모세혈관은 수백만 개의 전자 경계 신호를 보내며 각종 물질을 운반하는 통로다. 더불어 그 무엇보다 정교한 시청각 시스템인 눈과 귀를 가지고 있다.

이토록 놀라운 몸을 가진 우리의 평균수명은 200년 전에는 35살이었다. 하지만 지금은 그 2배 이상의 삶을 살아간다. 이런 인간의 몸으로 우리는 9초 만에 90m를 달리며, 멈추지 않고 몇 시간을 달릴 수도 있다. 공중으로 9m나 도약할 수 있고 나무에 오를 수 있으며 먼 거리를 빠르게 수영할 수도 있다. 물론 어떤 동물은 인간보다 더 빠르고, 나무도 더 잘 오르고, 수영을 더 잘하지만 이 모든 활동을 인간만큼 잘하는 동물은 이 세상에서 존재하지 않는다. 당신도 인간이고 당신도 이처럼 위대함을 가졌다.

그런데 당신은 이렇게 위대한 자신을 사랑하는가?

우리는 누군가의 사랑으로 태어났다. 엄마의 뱃속에서 보호받으며 함께 호흡하는 시기를 지나 스스로 호흡하고 울고 웃는 시기를 보냈다. 행복한 나날을 보냈다. 하지만 인간의 성장 과정에서 제일 중요한 것은 사랑이 아니었다. 생존이었다. 자신이 가진 사랑을 펼치기보다는 세상에 적응하는 것이 먼저였다.

생존을 위협하는 환경에서 진화한 인간은 결국 사랑보다 두려움을 먼저 찾는 뇌 구조를 가지게 되었던 것이다. 생존에 적응하기 위해 인간은 두려움을 감지하는 방식이 고도로 발달되었다.

우리는 생존에 필요한 많은 것들을 배운다. 부모로부터 세상으로부터 배운다. 그래서 우리의 삶에는 부모가 만든 세상, 남이 만든 세상 그리고 스스로 경험하는 세상이 골고루 들어있다.

어린 시절 동안 우리는 자신도 모르는 수많은 씨앗들이 자신의 머릿속에 뿌려진다. 생존에 심어진 유전자, 태어난 환경, 부모, 세상 속의 씨앗들이 몸과 마음속에 뿌려진다.

이렇게 뿌려진 무수히 많은 씨앗들은 세상과의 관계 속에서 흐려지기도 하고 빛나기도 하면서 차츰차츰 자라게 된다. 세상 속에서 자신을 비춰보고, 자연과 우주를 인식하며 관계를 맺어간다. 부모와 자신과 관계를 맺고, 세상과 다른 사람들과 관계를 맺어간다. 그렇게 맺고, 끊어지고, 연결되는 관계 속에서 시간과 공간은 변화한다. 이런 시공간의 변화가 각자의 경험이 되어 세상에서 유일한 사람으로 성장해 간다.

세상에는 자연, 남이 만든 세상, 내가 만든 세상이 있다.

남이 만든 세상과 자연은 비자발적 세상이다. 이런 비자발적인 세상에는 수많은 정보와 유혹이 가득하다. 당신이 원하든 원하지 않든 우리는 수많은 정보에 노출된다. 이렇게 노출된 정보는 두려움, 욕망, 비교와 같은 감정들을 자극하고 당신을 몰입하지 못하게 한다. 하지만 우리는 자기가 만들 수 있는 '자발적인 세상'을 찾기 위해 더 노력해야 한다. 바로 '꿈'을 찾아야 한다.

세상에 대한 '진심'은 꿈꾸는 자만이 가질 수 있다. 자신이 세상에 태어난 이유와 의미만이 비자발적 세상에 지배되지 않는 나만의 세상을 만들고 꿈을 향할 수 있게 한다.

누군가의 사랑으로 태어나 세상과 연결된 우리가 잊지 말아야 할 게 있다. '인간이라는 위대함', '세상 속의 당당함'이다. 또한 '이미 사랑을 가지고 태어났다.'라는 것을 기억해야 한다. 마지막으로 '두려움보다 사랑을 선택하는 진심'을 다시 가져야 한다.

원래 가지고 태어난 위대함과 사랑은 세상과 연결되어야 한다. 세상과의 연결은 자신을 사랑하는 진심에서 출발하여 세상을 바라보는 진심으로 향해야 한다. 쉽지 않은 여정이지만 당신의 위대함과 사랑을 잊지 않는다면 충분히 가능한 일이다.

'인간은 위대한 존재다. 나는 인간이다. 나는 위대한 존재다.'

절대, 절대 잊지 마라. 당신은 이미 위대함과 사랑을 가지고 태어났다는 사실을…….

03
세 번째 관계 그리고 변화

지금의 신인류는 무리지어 살면서 생존해 왔다. 《인스타 브레인》에 보면 인류의 생존에 대한 이야기가 나온다.

'우리의 선조들은 위험한 세계에서 살았다. 기근, 감염, 사고, 야생 동물의 위협은 일상적이었고, 일류의 절반은 10세 이전에 죽었다. 그런데 특이하게도 가장 큰 위협은 사자, 감염이 아니었다. 바로 다른 사람이었다.

수렵 채집인이었던 선조들의 10~15%는 다른 사람에게 맞아 죽은 것으로 보인다. 원시 농경사회에서는 상황이 더욱 나빠서 5명 중 1명이 맞아 죽었다. 이 수치는 부족 내에서 벌어진 일이다. 아마 다른 부족과의 상황은 더 심했을 것이다.'

인간은 태어나서 세상의 위험에 대응하기 위해 무리지어 살았다. 하지만 무리 속에서도 싸움이 벌어졌다. 생존과 서열을 위한 싸움이 벌어졌고, '누가 힘이 센가?'가 처음에는 중요했다. 하지만 시간이 지날수록 관계와 협력을 잘하는 사람이 승리하는 상황이 발생되었다. 이런 이유로 인간의 삶에서 관계가 더욱더 중요해져 갔다.

그렇다면 인간은 얼마 많은 관계를 맺으면서 살까?

옥스퍼드대학교의 진화심리학자 로빈 던바(Robin Dunbar)에 따르면 인간은 대략 150명의 개인과 관계를 형성할 능력이 있다. 분명 우리는 훨씬 더 많은 사람을 알고 있고, 이름도 기억해낼 수 있다. 그러나 한 사람이 다른 사람에 대해 어떻게 생각하는지 아는 좀 더 안정적인 관계로 따지면 150명 정도라고 한다. 그래서 이 숫자를 '던바의 숫자(Dunbar's number)'라고 부른다.

흥미로운 점은 수렵 채집인이었던 우리의 선조들도 최대 150명 정도의 집단을 이루고 살았고, 원시 농경사회에서도 평균적으로 한 마을에 거주하던 사람 수가 150명 정도였다는 점이다.

던바는 뇌의 바깥 '피부'이자 뇌에서 가장 발달한 부분인 대뇌피질이 인간과 동물이 맺는 사회적 관계의 수를 결정한다고 말했다. 대뇌피질이 큰 종일수록 큰 집단을 이루고 살 수 있다는 것이다.

던바의 숫자처럼 인간은 150명 정도의 관계를 유지하며 관계를 맺고 끊고를 반복한다. 그 속에서 많은 변화를 겪게 된다. 그렇다면 우리가 맺는 관계에는 어떤 종류들이 있을까?

하루는 자신이 못생겼다고 이야기하는 큰딸과 인간이 맺는 관계에 대해 이야기를 했다.

"진아! 모든 사람은 4가지 중요한 관계를 맺는데 누구와 관계를 맺을까?"

"엄마, 아빠요. 음! 그리고 친구요."

"Good! 맞아. 우리는 부모와 형제자매를 포함한 가족과의 관계, 친구와의 관계를 잘 맺어야 해. 그리고 더 넓게는 회사에서 하는 일, 학교 활동과 같은 사회활동을 하니까 사회와도 올바른 관계를 맺으면서 살아가야 해. 가족, 친구, 사회 이렇게 3가지 관계를 잘 맺어야 한다는 거야. 그런데 하나가 남았다. 뭘까? 제일 가까이 있으며 제일 중요한 관계야."

"음! 혹시 '나'예요?"

"Great! 진이가 아까 만난 '불쑥 튀어나오는 못생긴 진이'를 만날 때가 있을 거야. 만약 그럴 때가 온다면 우리 진이는 못생긴 진이가 예쁜 진이를 흔들게 내버려 두지 말아야 해. 차분히 자신의 마음을 들여다보고, 어떤 모습이 진짜 자신의 모습인지를 잊지 말아야 해. 그래야 진짜 진이에게 용기를 주는 좋은 관계를 유지할 수 있는 거야."

세상에서 가장 중요한 관계는 나와의 관계다. 우리는 나와의 관계에서 누구도 무너뜨리지 않는 자존감을 가져야 한다. 남과 비교하기보다는 나를 성찰하고 나의 성장을 우선 바라봐야 한다.

부모와의 관계에서는 독립을 통해 스스로 일어서야 한다. 또한 친구와의 관계에서는 이해타산을 배제해야 한다. 한마디로 돈 관계를 하지 않는 것이 좋다. 마지막 사회와의 관계에서는 선한 영향력을 미칠 수 있는 사람이 되어야 한다. 이 모든 관계에서 깨달아야 할 것이 있다. 바로 '모든 것은 나를 대하는 진심에서 시작되어야 한다.'는 것이다. 나에게서 떨어져 나온 진심만이 세상을 의미 있게 여행하게 하는 이정표가 되기 때문이다.

가슴속에 진심이 담기면 관계를 대하는 자세도 달라진다. 가족, 친구, 사회, 그리고 나와의 관계에서 '함께 행복하고 성장한다.'라는 자세를 가지게 된다. 함께 행복하고 성장하는 자세에 진심을 담으면 어떤 일이 벌어질까? 바로 주도권을 가지게 된다. 변화하고 흥미로운 세상의 주도권을 자신이 가지게 되는 것이다.

관계 속에서 인간은 계속 변화한다. 하지만 그 변화의 주도권을 가지지 않은 사람이 많다. 그래서 우리는 자신의 변화를 잘 살펴보고 '왜 자신이 움직이고 변화하는가?'를 잘 돌아봐야 한다. 즉 자신의 '변화 동기'를 살펴봐야 한다.

인간의 변화를 이끄는 동기에는 4가지가 있다. 두려움, 욕망, 의무, 사랑이다. 이 4가지 동기는 인간을 변화하게 하는 근원과 연결되어 있다. 두려움을 이겨내고 생존해야 한다는 동기, 의식주를 해결하고 종족을 번식시키는 욕망, 자식과 가정에 대한 의무와 사회적 의무, 그리고 나를 사랑하고 인류를 사랑하는 동기와 연결되어 인간은 변화한다.

이런 변화가 이끄는 내적 동기가 있는 반면 외적인 동기도 있다. 현대사회에 가장 강력한 동기인 '돈'을 비롯하여, 새롭고, 예쁘고, 강하고, 신기하고, 빠른 것들에 반응한다.

외적 동기는 사회적인 관계 속에서 보고 듣고 느끼는 다양한 경험을 통해 자극을 받게 된다. 자극을 통해 더 나은 상태로 변화하고 생존해온 인간의 진화 과정과도 연결되어 있다.

인간의 진화 과정에서 생존을 위한 싸움은 필연적이었다. 생존을 위한 싸움이 우리의 본능에 내재되어 있는 것이다.

생존을 위한 인간의 싸움을 3가지로 구분할 수 있다. 사람과 자연, 사람과 사람, 자신과의 싸움이다. 이 세 가지의 싸움은 관계와 밀접한 연관이 있다. 다른 사람, 자연, 나와의 관계에서 벌어지는 싸움으로 변화하고, 그 변화를 통해 '인생의 의미'를 만들어간다. 하지만 더 중요한 것이 있다. 바로 싸움의 목적이다.

이 싸움의 목적은 바로 나와 경쟁해서 성장하고, 동료와 협력해서 성장하는 것이다. 바꿔서 말하면 사람과 자연이 협력해서 성장하는 것이고, 사람과 사람이 협력해서 성장하는 것이며, 마지막은 자신과 협력해서 성장하는 것이 이 싸움의 목적이 되어야 한다.

세상 어떤 사람도 세 가지 싸움을 그냥 지나치지는 못한다. 싸움을 통해 무엇인가를 발견하고 성장해야 한다. 싸움이 일어나는 하나하나의 과정 속에서 자신을 발견하고 남을 발견하며 자연의 존재를 발견한다. 이런 발견으로 자신을 성찰하고 성장하며 삶의 가장 중요한 의미들을 자신의 가슴속에 새기게 되는 것이다. 그리고 만약 싸움 속에서 변화를 향한 진심을 발견한다면 우리는 비로소 누구도 무너뜨릴 수 없는 행복의 길을 걸을 수 있다.

하지만 이 싸움에서 모두가 행복한 것은 아니다. 누군가는 행복해하고 누군가는 힘들어한다. 왜 이런 일이 벌어지는 것일까?

바로 배움의 차이이다. 관계와 변화 속에서 무엇을 배우고 결정하는가에 따라 성장의 방향은 달라지기 때문이다. 그래서 우리는 배우고 결정할 때 자신을 성장시키고 함께 성장하는 방향을 선택해야 한다.

어떤 사람도 현실에 안주하기를 원하지 않는다. 변화를 원한다. 하지만 배움을 선택하는 사람은 많지 않다.

배우지 않고 원하는 것을 가질 수 있는 사람은 없다. 원하는 것과 할 수 있는 것, 습관인 되는 것은 큰 차이다. 이런 이유로 우리는 배움을 결정하고는 자신의 삶에 진심을 다하는 여정을 시작해야 한다.

당신의 배움에는 어떤 진심이 담겨있는가?

04
다섯 번째 배움 그리고 결정

당신은 요리를 좋아하는가?

요리의 맛을 결정하는 것은 우선 싱싱한 재료와 능숙한 요리실력이다. 더불어 비주얼과 정성을 다하는 맛과 스토리를 포함한 경험에 따라 맛에 대한 평가도 확 달라진다.

인생도 요리와 비슷하다. 싱싱한 재료와 능숙한 요리능력은 배움을 뜻하고, 비주얼과 스토리를 포함하는 정성은 바로 진심을 말한다. 그래서 불확실한 인생을 잘 요리하기 위해서는 배움을 통해 연습하고, 진심을 다해 자신의 스토리를 만드는 게 중요하다.

불확실한 미래를 대응하기 위해서는 배워야 한다. 배움을 통한 경험은 몸으로 체화된 지식으로 미래를 결정하는 훌륭한 재료가 된다. 하지만 재료가 부실한 사람은 어떨까? 불확실한 미래에 이리 부딪히고 저리 부딪히며 좌절과 역경을 겪게 되는 것이다.

어느 누구도 좌절과 역경을 겪지 않은 사람은 없다. 하지만 그 결말은 다르다.

"당신은 좌절과 역경 속에서 무엇을 배우고 성장했는가? 그리고 어떤 결정을 했는가?"

당신의 결정에 따라 때로는 성공을 때로는 실패를 맛보았을 것이다. 누구도 같은 삶을 살지 않는 이유는 바로 '배움의 차이'다. 실패가 성공이 되고, 성공이 실패가 되는 배움의 차이가 우리의 삶을 결정한다.

"당신은 배움을 생각하면 가장 떠오르는 단어가 있는가?"

선생님, 학교, 책 등 여러 가지가 있을 것이다. 어렸을 때는 그나마 자연을 탐구하고 새로운 경험을 하는 데 많은 시간을 보낸다. 반면 유치원, 초·중·고등학교, 대학교에서는 훌륭한 사회인이 되기 위한 명목으로 많은 공부를 한다. 하지만 정작 중요한 배움의 방향을 결정하고 인생을 잘사는 법을 배우지는 않는다. 왜 배워야 하는지를 깊이 배우지 않는 것이다.

그렇다면 우리는 왜 배워야 할까?

하루는 아이들과 배움에 대해 이야기를 했다.

"얘들아! 우리는 정말 왜 배워야 할까? 아빠랑 번갈아 가면서 한번 이야기해볼까? '배움은 ~다.'라는 식으로 말이야. 우리 원이부터 이야기해볼까?"

배움은 즐거움이다. 배움은 지식이다. 배움은 똥고집을 탈피하는 탈출구다.

배움은 배움이다. 배움은 도전이다. 배움은 공기다. 배움은 도전의 밑거름이다.

배움은 감사다. 배움은 더 큰 나를 만드는 에너지다.

배움은 사랑과 고마움이다. 배움은 탁월함이다. 배움은 자유다.

"아빠는 너희들이 이야기 한 것 중에 '배움은 자유다.', '배움은 공기다.'라는 말이 마음에 와 닿는다. 너희들이 엄마의 큰 잔소리와 아빠의 잔소리에서 해방되는 상상을 했거든."

"하하하. 아빠! 잘 배워서 빨리 엄마의 잔소리에서 해방될게요."

"아빠는 너희들이 잘 배우고 깨달아서 엄마의 잔소리로부터 해방되고, 진정한 자유를 얻는 당당한 사람이 될 수 있다고 완전 믿어. 하하하."

"저는 아빠도 엄마의 잔소리에서 벗어날 수 있다고 완전 믿어요. 하하하."

"그래, 우리 모두 화이팅!"

짧은 대화였지만 나는 아이들이 배움으로 인생의 자유를 얻는 바람을 담았다. 수많은 문제에 부딪힐 때마다 배움이란 무기를 가지고, 인생이란 파도를 잘 헤쳐 나가길 응원했다. 더불어 부모로서 배우고 도전하는 모습을 보여주기 위해 매일 진심을 다한다.

"그렇다면 우리는 어떻게, 무엇을 배워야 할까?"

내가 존경하는 중간계 사업학교를 운영하는 신병철 박사는 말한다.

"세상에는 두 가지 공부가 있습니다. 하나는 '돈 공부'고 다른 하나는 '마음공부'입니다."

우리의 자유를 결정하는 것은 그 무엇도 아닌 마음이며, 우리를 살아 숨 쉬게 하는 공기와 같은 것이 바로 돈이다. 그래서 신병철 박사는 돈 공부, 마음공부를 말했던 것이다.

돈은 사람으로부터 나온다. 돈을 벌려면 사람에게 가치를 제공하고 고통을 해결할 수 있는 법을 배워야 한다. 고통을 해결하고, 가치를 제공하는 제품과 서비스를 만들 때 돈을 벌 수 있다. 누구나 부자가 되고 싶지만 부자는 결코 혼자만의 힘으로는 쉽지 않다.

다른 사람의 시간을 사고, 돈으로 돈을 버는 투자를 배워야 한다. 또한 경쟁력있는 제품과 서비스를 만드는 사업을 배워 부자의 길을 가야 한다. 하지만 누구나 부자가 되지는 못한다.

부자가 되지 못하는 이유는 여러 가지다. 배움이 부족한 것은 물론이고, 부자의 길을 가겠다는 결정 자체도 못 내리는 경우가 많다. 또한 부자가 되는 길에서 만나는 암초들에 나가떨어지고, 다시 일어나지 못하는 경우가 90% 이상이다. 그래서 우리는 마음공부를 해야 한다.

마음공부는 '스스로 결정하는 사람이 되는 능력을 갖춘다.'라는 뜻이다. 불확실한 미래에 대응하기 위해 지식과 지혜를 배워야 한다. 계속 배운다는 결정을 해야 한다. 계속 배워 스스로 결정하는 주인임을 잊지 않는 것이 제일 중요하다.

스스로 결정하는 사람은 스스로 결정하지 않는 사람보다 더 많이 배운다. 배움의 질이 다르다. 배움으로 더 많은 풍요를 끌어들이며 스스로 인생을 책임져간다. 그래서 배우는 것은 자신의 인생에 대한 최소한의 책임이다. 반면 인생에 완전한 책임을 지기 위해서는 결정이 필요하다. '내 인생의 주인은 바로 나다.'라는 결정에서 시작하여 더 큰 도전을 위한 수많은 결정과 마주해야 한다.

배움에 결정이 더해지면 '방향'이 생긴다. 하지만 책임이 두려워 결정을 늦추면 어떤 일이 벌어질까? 방향이 없고 관리되지 않은 배움과 생각으로 두려움은 더 커진다. 결국 커진 두려움은 자신의 인생을 결정하는 시기를 지연시켜서 방황하게 만든다. 그래서 우리는 방향성 없는 배움, 책임지지 않는 결정에서 벗어나야 한다.

물론 결정은 실수와 실패를 필연적으로 불러온다. 하지만 어떤 성공한 사람도 실수와 실패를 통한 '성장의 과정'을 거치지 않은 사람은 없다. 성공한 사람은 배움과 결정을 통해 실수와 실패를 경험했고, 성장하는 과정을 정교화해서 성공을 자신의 것으로 만든 것이다.

또한 성공한 사람은 독립된 사람이다. 모든 결정에 100% 책임지며 자율적인 삶을 살아간다. 당신은 어떤가? 자신의 삶에 100% 책임을 지고 있는가? 만약 그렇지 않다면 당신은 자율적인 삶을 사는 독립된 사람은 아니란 뜻이다.

그런데 혹시 결정에 기회가 있다는 것을 알고 있는가?

인생을 바꿀 '단 하나의 결정'에는 엄청난 힘과 기회가 들어있다. 이런 기회에도 불구하고 결정을 두려워하는 사람이 은근히 많다. 그래서 부탁한다. 제발 결정하는 것을 너무 두려워하지 말라고……. 어떤 결정에도 정답은 없기 때문이다. 단지 결정 후에 어떻게 상황을 헤쳐 나가야 하는가라는 자세만이 그 이후의 결과를 결정할 뿐이다.

오프라 윈프리는 말한다.

"what is the right next move?(내가 취해야 할 옳은 방법은 무엇인가?)"

우리는 모든 순간을 결정한다. 가장 소중한 '지금'을 선택할 수 있는 기회를 우리는 가지고 있다. 그 기회를 통해 나의 5분 후의 삶을 바꿀 수 있다. 후회 없는 인생을 지금의 결정으로 만들어갈 수 있다는 뜻이다.

"당신은 자신의 인생에서 내릴 '가장 중요한 결정'이 무엇이라고 생각하는가?"

내 인생에서 가장 중요한 결정은 '후회하지 않는 일생을 살자.'는 것이었다. 솔직히 말하면 '1분 1초도 헛된 인생을 살지 말자.'였다.

한번은 친구에게 이 이야기를 해줬더니 친구가 말했다.

"야! 너무 인생을 각박하게 사는 거 아니야?"

그런데 내가 이 이야기를 하면 조금 눈물이 난다. 정말 나는 후회 없는 인생을 살기로 선택했고, 그렇게 살기 위해 결정한 여러 가지 경험들을 생각하면 눈가가 촉촉해진다.

가슴에 담은 게 많은 사람은 가슴속의 응어리를 풀어야 한다. 배움으로 응어리를 풀고 평화를 찾아야 한다. 그때는 반드시 온다. 그런 사람의 인생은 어떤 것도 두렵지 않다. 모든 두려움을 자기편으로 만든 사람이기 때문이다. 심지어 두려움을 에너지 삼아 자신의 인생을 하루하루 성장시키는 결정을 한 사람인 것이다.

하루하루 결정하는 사람은 후회하지 않는다. 단지 시련이 있어 힘들 때도 있지만 '후회 최소의 법칙'을 실행한다. 선택은 언제나 길을 연다. 당신이 만약 선택했다면 절대 후회하지 마라. 선택한 것만도 대단한 일이다.

"당신은 지금 자신의 인생에 만족하는가?"

지금까지의 삶이 싫다면 지금 당장 결정해야 한다. 반면 자신의 걸어온 궤적이 올바르다면 크게 걱정 마라. 자신의 결정을 믿어라. 결국 당신은 돌아가더라도 당신이 원하는 그곳으로 갈 것이다.

05
일곱 번째 융합 그리고 도전

"당신은 '질문의 힘'을 아는가?"

소크라테스는 말했다.

"모든 사고는 '질문'에서 시작된다."

피터 드러커는 말했다.

"노벨상을 탄 사람과 아닌 사람의 가장 큰 차이는 IQ나 직업윤리가 아니라 더 큰 '질문'을 던지는가 아닌가이다."

천재는 기초적인 질문도 스스럼없이 한다. 천재가 기발한 착상을 얻는 이유는 남들이 너무 멍청해 보일까 봐 하지 못하는 질문을 던지기 때문이다. 이렇게 머릿속에 던진 질문들을 스스럼없이 던지고 난 다음에 천재는 제일 이상하고 엉뚱한 질문을 하기 시작한다. 그리고 그 질문이 낳은 답과 발상들을 새롭고 흥미로운 방식으로 연결한다. 다시 말해 천재들은 융합을 잘하는 사람일 뿐이다.

천재들은 융합을 조금씩 다르게 이야기한다. 스티브 잡스는 '연결'을 무척 중요하다고 말했고, 아인슈타인은 '상상', 소크라테스는 '은유'를 제일 중요하다고 말했다. 인류의 위대한 스승이라고 존경하는 받는 사람들이 말하는 연결, 상상, 은유는 모두 융합을 말한다.

그렇다면 그들은 왜 융합능력을 중요하게 말했을까? 바로 '불확실함과 두려움을 이겨내는 인간의 최대 능력'이 바로 '융합'이기 때문이다.

준비되지 않은 미래를 현명하게 넘어가기 위해서는 융합하는 능력이 필요하다. 배움과 결정을 통해 꿈을 향해 나아가는 도중에 우리는 무수히 많은 질문을 던진다. 배워서 익힌 것들과 새로운 것들을 연결하여 상상의 날개를 펼치게 된다. 이런 상상은 과거의 나와 미래의 나를 융합하여 현재를 바꿔나가는 힘으로 작용한다.

그렇다면 미래를 연결하는 융합능력을 키우기 위해서 제일 중요한 것은 무엇일까?

그것은 바로 '호기심'이다.

인간은 이상하고, 신기하고, 새롭고, 특이한 것에 궁금함을 느낀다. 이게 바로 인간을 성장시키는 '호기심'이다.

옛날에는 인간의 뇌가 이렇게 크지 않았다. 그런데 왜 이렇게 커진 것일까?

인간의 뇌는 '불'을 사용하면서 급격하게 커졌다. 사람들은 처음에 불을 무서워했을 것이다. 왜냐하면 뜨겁기 때문이다. 그런데 번개로 인해 산불이 나고, 산불 때문에 불에 탄 동물의 고기를 먹은 사람들은 무슨 생각을 했을까?

'아! 불에 구운 고기가 맛있다.'라는 생각을 했을 것이다. 그때부터 누군가는 불을 사용하기 시작했고, 익힌 고기를 먹었다. 익힌 고기는 소화가 잘되기 때문에 생고기를 먹기 위해 발달한 치아와 턱이 작아지며 두뇌는 더 커지는 쪽으로 진화했다. 결국 불에 대한 호기심이 지금 인간의 미래를 바꾼 가장 큰 시작이었던 것이다.

호기심에서 시작하여 질문을 던지고 해답을 찾는 과정에서 융합능력은 강화된다. 배움과 결정에 진심을 다하고 질문을 통한 융합능력이 깊어지고 짙어지면 어떤 일이 벌어질까? 바로 도전을 시작하게 된다.

도전은 배움과 융합으로 자신의 인생에 독립을 외친 사람들의 몫이다. 오롯이 자신의 인생을 책임지는 사람들은 용기의 영역에서 활동한다. 경계를 넘는다. 후회 없는 인생을 위해 자신과 세상이 쳐놓은 경계를 넘는 사람들, 이 사람들이 바로 도전가들이다.

불확실함과 두려움이 존재하는 도전의 길은 확고한 믿음이 없다면 걸어가기 힘들다. 계속하기 어렵다. 그래서 도전가들은 '용기'를 준비를 한다. '긍정적 미래를 상상하는 융합 능력'으로 명확한 방향을 정하고, 불확실한 영역과 두려움을 이길 수 있는 용기를 끌어낸다.

'긍정적 미래를 상상하는 능력'은 도전의 길에서 자신의 인생을 융합해 간다. 배움이라는 재료에 질문을 섞고 자신의 미래를 현재와 섞어버린다. 결국 미래를 융합하고 끌어들이는 힘이 질문에서 시작된다는 뜻이다.

질문에는 힘이 있지만 어려움도 있다. 현재와 미래를 융합하는 과정에서 우리는 가장 풀기 어려운 질문을 만나야 한다. 바로 '나는 누구인가? 나는 왜 살아가는가? 나는 어떤 사람으로 살아갈 것인가?'이다. 이 질문의 방향이 정해지면 우리는 자신을 다른 차원으로 밀어 올리게 된다. 비로소 진심을 다한 도전을 시작하게 되는 것이다.

중국의 역사상 위대한 전략가 두 명이 있었다. 바로 사마의와 제갈공명이다. 제갈공명은 많이들 안다. 하지만 사마의는 많이 모른다. 사마의는 1인자가 되기까지 끊임없이 인내하여 결국 최고의 자리에 오른 사람이다. 끈기에서는 단연 최고의 전략가인 사마의의 말 중에 가장 기억에 남는 말이 있다.

"난 평생토록 남의 칼 노릇만 했소."

누군가는 자신의 인생을 남을 위해 산다. 자신의 인생이 아닌 남의 인생을 산다. 조금 슬프지 않은가? 남의 인생을 산다는 것이…….

당신은 어떤가? 평생 남의 인생을 위해 살 자신이 있는가? 나는 없다. 그래서 우리는 도전의 영역으로 넘어가야 한다. 용기의 영역으로 들어서야 한다.

도전과 용기의 영역에 들어서기 위해서는 '핵심경쟁력'이 필요하다. 자신의 시간에 풍요로움을 더할 수 있는 핵심경쟁력을 길러서 세상에 나아가 새로운 가치를 만들어야 한다. 이것이 바로 도전이다. 도전에는 고난도 반이 있고, 즐겁고 행복한 순간도 반이 존재한다. 하지만 도전의 영역에는 후회는 적다. 해본 후회보다는 안 해본 후회가 더 크기 때문이다.

당신은 후회하는 삶을 살고 싶은가? 그렇지 않다면 지금부터라도 작게 도전하라. 많이 경험하라. 그리고 계속 걸어가라.

인간의 모든 삶은 양에서 질을 향상시키는 방향으로 발전한다. 수많은 실수와 실패를 통한 배움에서 도전은 시작된다. 도전의 영역에서 우리는 또 다른 배움을 얻고 다시 융합하는 과정을 거쳐 무너지지 않는 경쟁력을 만들게 된다. 이렇게 만들어진 경쟁력을 통해 세상에 가치를 더하는 도전의 시간이 계속되면 어떻게 될까? 결국 양이 질로 변한다.

양이 질로 바뀌게 되면 우리는 '더 적게 더 좋게'를 실천할 수 있는 지혜를 가질 수 있다. 더 효율적인 인생을 살게 되고, 더 풍요로운 인생을 살아간다. 더불어 자신의 삶을 선택할 수 있는 여유도 가지게 된다.

어떤가? 더 풍요로운 삶을 위해 평생 남의 칼이 되어 사는 인생을 탈피하고 싶은가?

인생에는 어차피 2가지 삶뿐이다. 하나는 도전하는 삶, 다른 하나는 도전하지 않는 삶이다.

당신의 진심은 어떤 삶을 선택할 것인가?

06
아홉 번째 우선순위 그리고 좋은 습관

당신은 지금 자신이 원하는 삶을 살고 있는가?

이 책을 든 당신은 아마 원하는 삶에 더 가까이 가고 싶을 것이다. 가슴 뛰는 삶을 원할 것이다. 그렇다면 자신이 원하는 삶을 살지 못하는 이유가 궁금하지 않은가? 각자 다른 이유가 있다. 하지만 분명한 것은 당신의 우선순위가 자신의 꿈과 멀어져 있는 것이다.

꿈은 목표다. 목표와 '우선순위'는 세트다. 우선순위가 없는 목표는 무기력하며 단지 하고 싶은 꿈으로 남는다. 그리고 언젠가는 자신의 꿈을 가슴속에 묻게 된다.

그렇다면 자신의 삶을 위해 꿈을 꾸고 성공을 이룬 사람들은 어떨까? 그들의 탁월한 성과는 어떻게 이루어진 것일까?

탁월한 성과를 낸 사람들은 자신의 시간 중 가장 소중한 시간을 자신의 꿈에 투자한다. 즉 골든타임을 자신의 꿈과 미래의 영양분으로 사용하는 것이다. 성공한 사람도 수없이 자신과 싸운다. 배고프고, 자신을 유혹하는 것들과 싸운다. 하지만 그들은 안다.

'현재의 순간에 무엇을 하느냐가 다음 순간에 무엇을 하느냐를 결정한다. 지금의 작은 행동들이 자신의 미래와 연결된다. 그것을 지금 실행해야 한다.'

위너들은 현재와 미래의 자신 중 미래의 자신이 승리하는 쪽으로 우선순위를 결정한다. 이런 결정들은 경제적 자유와 마음의 평화를 끌어들인다. 그리고 마지막에는 삶의 중요한 순간을 선택할 수 있는 '시간의 지배자'가 된다.

사람들은 큰 보상을 좋아한다. 하지만 큰 보상을 좋아하면서도 현재와 미래의 보상을 비교할 때 현재의 보상을 더 선호한다. 왜냐하면 먼 미래는 자신에게 즉각적인 동기를 주지는 않기 때문이다.

루저는 현재의 가치를 중시하고 미래의 가치를 폄하한다. 미래는 자신에게 즉각적인 동기를 주지는 않기 때문에 충동에 쉽게 넘어간다. 정작 미래에 중요한 자기성찰, 자기계발, 건강, 돈 공부, 마음공부는 뒤로 미룬다. 중요한 것을 뒤로 미루면 어떻게 될까? 뒤로 미루면 저항은 더 커지고, 결국 자신이 원하는 꿈으로 가지 못해 '방황'을 하게 된다.

나폴레온 힐의 〈결국 당신은 이길 것이다〉에서 악마가 인간을 지배하는 방법인 '방황'에 대해 이야기한다.

"인간의 마음을 지배할 수 있는 최고의 방법은 그들의 마음을 방황하게 만드는 걸세."

악마가 인간의 마음을 방황하게 하여 인간을 지배한다는 것은 '우선순위를 없게 만든다.'라는 뜻이다. 스스로 주인으로 살지 않고 주변에 흔들리며, 자신이 원하는 미래의 모습을 잊고 살게 만드는 것이 악마가 원하는 모습이다. 당신은 자신의 길을 잃고 방황하는 삶을 살고 싶은가? 아마 그렇지 않을 것이다. 방황에 종지부를 찍고 자신의 인생을 빛내는 가슴 뛰는 삶을 당신은 원하지 않는가? 나는 원한다.

그렇다면 위너들은 어떻게 가슴 뛰는 삶을 계속 사는 것일까?

나폴레온 힐은 말한다.

"방황하지 않는 자들에게 최면 리듬이 긍정적으로 작용하기 때문에 이들이 최면 리듬을 회피할 이유는 없어. 최면 리듬은 이들이 가장 열망하는 목표와 계획, 그리고 목적을 실현하는 데 기여하지. 또 이들에게 생각하는 습관을 확립해주고 그 습관이 영원하도록 만든다네."

결국 방황을 깨는 방법은 '열망하는 목표와 계획을 명확한 목적에 맞게 실행하여 리듬을 만드는 것'이다. 그리고 이 리듬이 결국

'습관'이 된다.

하루는 동탄의 에센츠라는 카페에서 독서모임을 했다. 독서를 하는 사람들 중에 많은 사람들이 이런 이야기를 한다.

"책을 읽어도 기억에 남지 않아요."

당연한 사실이다. 우리의 뇌는 잘 잊어버린다. 그래서 새로운 것을 기억으로 유일한 방법은 계속적인 반복뿐이다. 그냥 반복이 아닌 '목적을 가진 반복'이 이루어져야 한다.

습관도 마찬가지다. 좋은 습관은 '목적을 가진 생각을 반복적인 행동을 통해 얻는 리듬'이다. 7일 정도 습관을 실행하면 어느 정도 리듬을 생기고 21일을 하면 습관의 영역으로 접어들게 된다. 하지만 습관을 만드는 것은 쉽지 않다.

원하는 인생은 우선순위에 따라 결정된다. 생각의 우선순위가 리듬을 타고 좋은 습관이 되는 사람만이 자신이 원하는 가슴 뛰는 삶을 살아간다. 그래서 우리의 우선순위는 '좋은 습관'을 만드는 데 집중되어야 한다.

그렇다면 우리가 만들어야 할 좋은 습관에는 어떤 것이 있을까? 앞서서 이야기한 배움에서 인생에 필요한 공부를 기억하는가? 인생에 필요한 공부는 돈 공부, 마음공부가 있다. 우리에게 필요한 좋은 습관도 돈 공부 마음공부와 연결되어 있어야 한다.

《부자아빠 가난한 아빠》의 로버트 기요사키는 금융공부에 대한 중요성을 이야기한다.

"회계, 투자, 시장의 이해, 법률을 알아야 부자의 길을 갈 수 있다."

설령 부자는 아니더라도 자본주의 사회에서 독립적인 삶을 살기 위해서는 돈 공부는 필수적이다. 스스로 수입을 만들 수 있어야 한다.

수입은 돈을 버는 방법에 따라 노동 소득, 투자소득, 사업소득이 있다. 노동을 통해 종잣돈을 마련하고, 회계, 투자, 시장을 공부하여 투자소득을 올려야 한다. 더불어 시장이 원하는 사업을 통해 부자의 길로 들어설 수 있다. 결국 경제적 자유는 돈 공부가 습관이 되어야 이룰 수 있는 뜻이다.

다음은 마음공부다. 마음공부에는 자신의 성찰과 성장에 대한 공부가 필요하다. 수만 년 동안 인간의 기본 욕구는 먹고, 자고, 싸고, 섹스를 하는 기본 욕구에 충실한 삶을 살아왔다. 하지만 지금 인간은 자신을 유혹하는 많은 것에 흔들리지 않는 마음공부가 더 절실한 시대에 살고 있다.

내가 매일 하는 아침 확언, 감사일기, 책 쓰기, 책 읽기, 사업 노트를 적는 이유가 있다. 바로 나의 마음이 두려움과 나태에서 방황하지 않고 도전을 습관화하기 위해서다. 이런 습관화의 과정에서 요즘 내가 추가한 습관이 있다. 바로 성공자의 습관과 나의 습관을 비교하는 습관이다. 성공자의 습관에 대비한 나의 습관 달성률을 체크한다.

이 습관을 하는 목적은 나의 성장을 가속화하기 위함이다. 그래서 나는 켈리최 회장을 선택했다. 켈리최 회장의 《웰씽킹》이라는 책에 보면 10억의 빚을 6,000억과 맞바꾼 '꿈을 이루는 7가지 법칙'이 나온다.

1. 잠재의식에 새겨지도록 분명한 목표를 정하고 되새겨라.(나의 실행 수준 : 60%)
2. 분명한 목표의 데드라인을 정하라.(나의 실행 수준 : 60%)
3. 구체적으로 상상하여 잠재의식까지 시각화하라.(나의 실행 수준 : 50%)
4. 액션플랜을 세우고 가장 쉬운 것부터 시작하며 고민하라.(나의 실행 수준 : 90%)
5. 나쁜 세 가지 습관을 버린다.(나의 실행 수준 : 70%)
6. 보이는 곳마다 한 문장으로 된 꿈을 적어둔다.(나의 실행 수준 :50%)
7. 매일 꿈을 100번 이상 외치고 잠재의식이 일하게 하라.(나의 실행 수준 : 50%)

내가 도전을 선택하고 위너들의 성공습관을 끌어들이는 이유가 있다. 풍요롭고, 소중한 순간에 스스로 선택할 수 있는 경제적 자유를 누리며, 사랑하는 사람과 행복한 순간을 함께 나누고 싶기 때문이다. 한마디로 '행복한 부자'가 되고 싶어 계속 도전을 하는 것이다.

도전에 우선순위를 연결하여 좋은 습관을 만들면 성공은 따라온다. 하지만 우선순위가 연결되지 않은 도전은 꿈에 한 발짝도 다가서지 못한다. 이런 이유로 나는 좋은 습관에 집중한다. 책임감, 자부심, 당당함, 용기, 협력, 감사, 친절, 정직, 평화와 같은 튼튼한 기둥들이 좋은 습관이 되고 성공 시스템으로 만들어지는 과정을 즐긴다.

때로는 방황할 수 있다. 실패할 수도 있다. 하지만 성공을 이룬 사람들의 핵심 자산은 바로 '용기를 잃지 않고 실패를 극복하는 능력'이다. 더불어 이 능력의 가장 밑바탕에 자리한 좋은 습관으로 '자신을 경영하는 성공 시스템'을 만든 사람들인 것이다.

좋은 습관은 자신이 좋아하고, 사랑하며, 진실되고, 선한 방향에서 피어난다. 이렇게 피어난 좋은 습관은 좋은 사람, 선한 사람이라는 정체성의 뿌리를 더욱 튼튼하게 만든다. 더불어 좋은 습관과 연결된 정체성은 결국 흔들리지 않는 행복의 문을 열게 된다.

과거의 나는 태어났고, 현재의 나는 살아있고, 미래의 나는 언젠가 죽음을 맞이한다. 이런 과거, 현재, 미래가 연결된 삶을 우리는 살아간다. 이 연결된 삶에서 가장 중요한 것은 미래의 내가 원하는 삶을 생각하며 지금의 행복을 선택하는 것이다.

미래의 내가 웃을 수 있는 방향에 후회는 없다. 현재의 내가 좋은 습관으로 하루하루 진심을 다할 때 미래는 밝게 웃는다. 큰 바위 얼굴을 계속 생각하고 진심을 다하는 현재가 모여 그 모습을 닮아 간다. 그래서 나는 오늘도 내일도 미래의 행복을 습관으로 물들인다.

당신의 미래는 어떤 색깔인가? 만약 모르겠다면 '좋은 습관'으로 당신의 미래를 하나하나 색칠해 보는 것은 어떤가?

07
열한 번째 나눔과 행복

당신의 삶은 무슨 색깔인가? 어떤 색으로 물들어 있는가?

사람마다 색깔이 있다. 때때로 웃고 울고 짜증 내는 색깔이 습관이 되어 자신을 물들인다. 남을 물들인다.

행복을 물들이는 것은 좋은 습관이다. 좋은 사람이다. 행복한 사람 옆에 있으면 행복해지듯이 좋은 습관을 지닌 사람 옆에 있으면 좋은 습관에 물들게 된다. 이런 좋은 습관은 좋은 생각으로 이어지며 결국 행복의 문을 연다. 행복을 나누게 된다.

세 아이를 키우면서 중요하게 실천하는 것이 있다. 바로 부모가 공부하고, 책을 읽으며, 자신의 성공을 위해 도전하는 모습을 나누는 것이다. 매일 책을 읽고 책을 쓰며 자신의 꿈을 위해 도전하는 삶을 아이들에게 매일 보여주는 것이 나는 제일 큰 교육이라 믿는다. 이런 믿음으로 나는 '할 수 있다는 것을 아버지의 몸을 통해 보여주는 삶'을 살아갈 뿐이다.

부모가 흔들림 없이 도전하는 모습을 아이들과 나누기 위해 내가 정한 원칙이 있다. 바로 9:1의 원칙이다. 90%는 스스로 놀고 결정하며, 10%만 부모가 관여한다는 원칙이다. 아이들도 독립된 인간이다. 독립된 인간이 되기 위해서는 자율성을 연습하는 기간이 필요하다.

아이들에게 자율성은 한마디로 '잘 놀고 배우고 결정하며 성장하는 경험을 스스로 느껴야 한다.'라는 뜻이다. 아이들은 나약하지 않다. 부모는 단지 분위기를 조성하고 아이들을 믿어주면 된다. 분명 시간이 걸리지만 아이들은 독립된 인간으로 살아간다. 아이들도 자신의 인생이 내팽개치기에는 너무 소중하다는 것을 알고 있기 때문이다.

스스로 성장하고 독립된 인간이 되는 힘은 '나눔'에서 시작된다. 부모의 존중과 사랑이 나누어져서 아이들은 스스로 결정하는 사람이 되어 간다. 스스로 결정한 실패와 성공의 경험이 쌓여서 비로소 독립된 인간의 길을 열게 된다.

스스로 결정하고 성장하여 독립한 사람은, 도전의 길에서 습관의 영역을 만든 사람이다. 이 습관의 영역은 '환경을 이겨내는 과정'을 거치며 습득된 영역이다. 그래서 이 영역을 지나온 사람들은 아는 것이 있다. 그것은 바로 '혼자만의 힘으로 이 모든 것을 이루지 않았다.'라는 것이다. 누군가의 도움으로 자신의 지금이 있다는 것을 깨닫는다. 이런 깨달음은 나눔으로 이어지고 더 큰 행복을 불러온다.

'행복을 나누면 배가되고, 슬픔을 나누면 반이 된다.'라는 말을 많은 사람들은 안다. 하지만 나눔과 행복을 실천하는 사람들은 많지 않다. 왜냐하면 자신과 온전히 마주하지 못했기 때문이다. 하지만 실천하지 않는다고 뭐라 할 수도 없다. 다들 바쁘게 지내기 때문이다.

나 또한 아내와 세 아이들과 함께 성장하며 일상에 지치고, 회사에 지쳐갔던 시간이 있었다. 많은 시간 흔들렸지만 자신을 똑바로 마주하는 시간은 적었다. 자신의 소중함을 잊고 산 적이 많았다.

대부분의 사람들은 자신과 많은 시간을 함께 하지만 그중 많은 시간을 잃어버린다. 바쁨이란 시간, 일상이라는 시간, 세상이라는 공간에 파묻혀 자신과 만나는 시간과 자신과 만나는 공간을 잃어버린다. 이제는 그 잃어버린 시간에 정성을 담아 자신에게 말해주어야 한다.

'오늘도 이렇게 나와 함께해줘서 고마워. 그동안 너를 소중하게 대해주지 못해서 미안해. 그리고 사랑해.'라고 말해주어야 한다. 왜냐하면 세상을 변화시키기보다 자신에게 정성을 다하는 것이 '나눔과 행복을 전하는 시작'이기 때문이다.

정조 대왕을 주제로 한 〈역린〉이란 영화를 볼 때가 기억난다. 당쟁을 일삼고 임금의 자질을 논하는 대신들을 향해 정조 대왕이 이런 말을 한다.

"여기 중용 스물세 번째 장을 아는 사람은 손을 드시오. 단 한 명이라도 그 구절을 책을 보지 않고 말할 수 있다면 내일 조강부터 그대들의 경연을 듣겠소. 그대들이 그리 중히 여기는 옛 말씀을 그대들은 얼마나 듣고 또 듣고, 깨우치고 또 깨우쳤는지. 다 외우고 있는 자는 손을 드시오. 아무도 없소?"

임금의 말에 아무 대답이 없자 임금은 책을 관리하는 상책에게 묻는다.

"상책! 혹시 상책은 아는가?"

그러자 상책은 중용을 읊기 시작한다.

'작은 일도 무시하지 않고 최선을 다해야 한다.

작은 일에도 최선을 다하면 정성스럽게 된다.

정성스럽게 되면 겉에 배어 나오고 겉에 배어 나오면 겉으로 드러나고

겉으로 드러나면 이내 밝아지고 밝아지면 남을 감동시키고
남을 감동시키면 이내 변하고 변하면 생육된다.
그러니 오직 세상에서 지극히 정성을 다하는 사람들만이
나와 세상을 변하게 할 수 있는 것이다.'

중용 23장을 처음 접했을 때가 생각난다. 나의 인생과 회사를 통째로 바꾸고 싶어 수없이 많은 책을 읽고 책을 쓰고 있을 때였다. 세상의 풀리지 않는 답답함에 나는 불현듯 찾아온 중용 23장을 중얼거리며 다녔다. 길을 걸을 때 수백 번 이 구절을 중얼거리며 다녔다. 그리고 우연히 깨달았다.

'내가 변하고 그 속에 진심이 담긴다면 세상은 변할 것이다.'라는 것을 몸으로 깨달았다.

'내 안에 천국이 없으면 천국에 갈 수 없다.'라는 말이 있다. 바꾸어 말하면 내 안에 깨달음이 없으면 깨달음을 나눠 줄 수 없고, 내 안에 행복이 없다면 우리는 행복을 나눌 수 없다.

행복을 나누면 행복이 커지고 기회를 나누면 기회가 늘어나며, 불행을 나누면 슬픔이 줄어들게 된다. 행복의 파랑새는 파랑새를 찾지 않는 사람에게는 절대 노래를 불러주지 않는다. 하지만 파랑새의 노래는 누구나 들을 수 있다. 파랑새는 지금도 우리의 옆에서 자신을 바라봐 주기만을 기다리며 계속 노래하고 있는 중이기 때문이다.

나눔과 행복의 파랑새는 힘이 있다. 그 힘의 방향을 정하고 진심이 더해지면 세상을 향한 날갯짓은 더 강력해진다. 변화를 만들게 된다. 지금도 누군가는 진심을 다해 끊임없이 날갯짓하고 있다. 혼자가 아닌 모두의 손을 잡고 밝게 웃으면서 날아오른다.

나는 날갯짓을 한다. 그리고 힘들 때면 또다시 〈중용 23장〉 마지막 구절을 떠올린다.

'오직 세상에서 지극히 정성을 다하는 사람들만이 나와 세상을 변하게 할 수 있는 것이다.'

08
그리고 마지막 진심

누구나 바라는 인생은 무엇일까?

돈, 명예, 자유, 권력?

이 모든 것들이 행복을 보장하지는 않는다. 하지만 돈은 우리가 겪고 있는 90% 이상의 문제를 해결한다. 또한 시간의 자유, 권력과 명예에도 영향을 미친다. 반면에 내 마음의 자유와 행복을 다 해결하지는 못한다.

하버드대학에서 행복에 대한 연구를 78년간 진행해 오고 있다. 이 연구를 통해 밝혀낸 것은 '행복한 관계'가 우리의 행복에 가장 많은 영향을 미친다는 것이다.

이 연구에서 말하는 '행복한 관계'에 담긴 의미는 무엇일까?

그것은 바로 사랑이다. 자신이 사랑하는 일을 하고 두려움과 의심

없이 물들 때 우리는 비로소 더 큰 위대함과 마주하게 된다. 이 위대함을 흔히 선한 영향력이라고 말한다. 이 선한 영향력은 나뿐만 아니라 주위의 사람까지 물들게 하고 행복하게 만드는 힘이 있다. 결국 행복한 관계는 사랑에서 시작된 선한 영향의 결과일 뿐인 것이다.

나는 일을 사랑한다. 일에 대한 사랑 때문에 지금 나는 일과 삶이 일치하는 삶을 살아가고 있다. 그 삶 속에서 내가 가슴속에 간직한 사랑은 세상에 어떤 상황이 와도 나를 오래 힘들게 하지 않는다.

'주위의 사람들이 나를 힘들게 해도 단 하루만 힘들어하자.'라는 신념으로 나는 힘듦을 이겨내고 가슴속에 다시 사랑을 품는다.

내가 세상에서 제일 무서워하는 게 있다. 바로 사람이다. 하지만 내가 세상에서 제일 사랑하는 것도 바로 사람이다. 어차피 세상에서 상처받는 것은 당연한 생존 본능이다. 하지만 그 본능을 이길 수 있는 '진심'이 행복한 삶을 위해 꼭 필요하다. 그래서 나는 '열두 진심'을 찾았다. 후회 없이 인생을 살아가는 열두 진심! 그것이 내가 찾은 '행복한 삶을 위한 단 하나의 비밀'이다.

나를 내 편으로 만들며, 세상을 내 편으로 만들고, 사람을 내 편으로 만드는 단 하나의 마음! 그것이 바로 열두 진심이다. 힘들 때도 있다. 하지만 나는 단 하루만 힘들어한다. 그리고 나의 본 모습으로 돌아와 나는 더 큰 세상을 연결하는 마지막 진심으로 오늘을 살아간다.

내가 좋아하는 시가 있다.

담쟁이

—도종환

저것은 벽

어쩔 수 없는 벽이라고 우리가 느낄 때

그때,

담쟁이는 말없이 그 벽을 오른다

물 한 방울 없고,

씨앗 한 톨 살아남을 수 없는

저것은 절망의 벽이라고 말할 때

담쟁이는

서두르지 않고 앞으로 나아간다

한 뼘이라도 꼭 여럿이 함께

손을 잡고 올라간다

푸르게 절망을 다 덮을 때까지

바로 그 절망을 놓지 않는다

저것은 먹을 수 없는 벽이라고

고개를 떨구고 있을 때

담쟁이 잎 하나는

담쟁이 잎 수천 개를 이끌고

결국 그 벽을 넘는다

후회 없는 삶을 위해 나는 내 삶을 리딩하며 살아간다. 리드당하고 싶지는 않다. 그래서 나의 열두 진심은 '담쟁이 잎 하나가 담쟁이 잎 수천 개를 이끌고 벽을 넘듯이 기적 같은 하루'를 만들어간다.

인생은 혼자 가면 재미없다. 같이 가야 재미있다. 같이 가는 길에는 이런 사람 저런 사람이 있다. 그 사람들이 두렵고 감당할 수 없다면 혼자 가는 것이다. 하지만 같이 간다면 단조로운 인생보다는 더 세상을 밝게 만들 수 있는 찬란한 마음들이 피어날 수 있다. 그리고 그 마음속에는 열두 진심이 자리해야 한다.

《갈매기의 꿈》에 '가장 높이 나는 새가 가장 멀리 본다.'라는 말이 있다.

당신의 멋지고 행복한 날개가 높은 곳을 날고, 지금의 현실에 머물러 있지 않기를 바란다. 당신은 충분히 위대하고, 충분히 가치 있는 사람이다. 열두 진심이 당신의 지금을 행복하게 만들고, 과거를 치유하며 조금 더 편안한 미래를 만들기를 희망한다. 왜냐하면 '마지막까지 꿈꿀 수 있는 희망'이 나의 마지막 진심이기 때문이다.

자신의 진심을 깨달은 당신 이제는 가슴 뛰는 세상으로 나아가라.
누구도 당신의 가치를 정하게 하지 마라.
기필코 당신은 당신의 길을 찾을 것이다.
그리고 일단 시작하라. 성공한 사람들은 이미 시작하고 있다.
그 시작에서 당신은 많은 사람들을 만날 것이다.
그리고 진심을 다하라. 당신의 진심이 5분 후의 삶을 결정할 것이다.
그리고 기회가 된다면 책을 써라.
결국 당신의 진심이 당신의 인생을 달라지게 만들 것이다.
가슴 뛰는 삶을 살게 할 것이다.
당신의 새로운 세상을 응원한다.

JUST 1year,
진심이 이끄는 새로운 세상

01
여행, 발리는 왜 디지털 노마드 비자를 발급할까

열두 진심!

열두 진심은 후회 없고 행복한 삶을 위해 필요하다.

그렇다면 우리는 언제 행복감을 느낄까?

바로 욕망이 충족될 때이다. 먹고, 건강하고, 아름다워지고, 잘 살고, 이성과의 욕구를 채우는 순간 행복을 느낀다. 경제학에서는 행복을 느끼는 욕망을 food, health, beauty, living, mating이라는 '5대 욕망 시장'으로 분류한다. 더불어 여기에 의지를 가지고 해야 하는 education과 investing을 더하면 크게 7개의 욕망 시장으로 구분되는 것이다.

이런 인간의 욕망이 잘 충족되면 인간은 행복을 느낀다. 그런데 이런 행복을 다 충족하는 활동이 있다. 바로 여행이다. 여행은 바로 인간의 빠지지 않는 욕망의 끝에 위치한다.

낯선 도시의 길을 걷고, 낯선 사람들을 만난다. 새로운 풍경에 젖어 들고 맛있는 음식을 먹는다. 석양이 드리운 바닷가에서 아름다운 노을을 보며 내가 사랑하는 사람과 칵테일 한잔을 마신다. 이 모든 것이 우리의 욕망을 채워준다. 인생을 풍요롭게 한다. 많은 사람들이 일상을 벗어나 낯선 여행을 선택하는 이유가 바로 여기에 있는 것이다.

당신은 어떻게 자신의 인생을 풍요롭게 만들 것인가? 나는 더 많은 여행을 하라고 말하고 싶다. 시공간의 자유와 새로운 경험을 주는 여행이 우리의 삶을 더 행복하게 하기 때문이다.

2022년 인도네시아의 발리는 디지털 노마드 비자 발급을 준비하고 있다. 김용섭 작가의 〈미래 트랜드〉에서 〈발리는 왜 디지털 노마드 비자를 발급할까?〉에 대한 이야기가 나온다.

디지털 노마드는 한 곳에 얽매이지 않고 컴퓨터와 인터넷만 있다면 어디서든 일하는 사람을 말한다. 컴퓨터로 일하는 개발자, 디자이너, 글 쓰는 사람들이 이런 사람들에 속한다.

구글트렌드 검색에서 지난 20년간 디지털 노마드의 검색 추이가 지속적으로 늘어나고 있는 상황이다. 또한 디지털 노마드 비자에 대한 검색 추이도 늘어나고 있다. 특히 주목할 부분은 전 세계에서 디지털 노마드와 디지털 노마드 비자에 대한 검색량이 최근

2~3년 사이에 급증하고 있다는 사실이다.

2023년 1월 기준 전 세계 51개 국가에서 디지털 노마드 비자를 발급하고 있다. 이 디지털 노마드 비자의 대표적인 곳은 바로 발리다. 인도네시아의 발리는 2022년에 디지털 노마드 비자를 만들 계획을 발표했고 최장 5년까지 면세 혜택을 주는 것을 검토 중이다.

발리는 전 세계 디지털 노마드의 성지와도 같다. 2010년부터 미국 스타트업들이 발리 우후 지역을 중심으로 공유 오피에서 일하면서 워케이션을 확산시킨 원조가 발리다.

발리는 30일에서 180일까지 단기 체류가 가능했으나 이를 최장기간 5년까지 늘렸다. 관광 산업이 중요한 인도네시아는 디지털 비자를 통하여 2019년 5.7%인 관광 산업의 GDP 비중을 7.5%까지 확대하려 하고 있다.

유럽 그리스, 스페인, 독일, 폴란드, 헝가리, 에스토니아, 아이슬란드, 크로아티아, 조지아, 몰타가 실행 중이고 이탈리아까지 합류하려고 하고 있다. 중남미 코스타리카, 파나마, 바베이죠스, 브라질, 아르헨티나, 아프리카에서는 모리셔스, 아시아의 스리랑카, 아랍에미레이트 두바이까지 시행하고 있다. 두바이는 월수입 5,000달러 이상만 비자 발급이 가능하다.

미국은 70개 도시에서 워케이션을 위한 정책과 혜택을 마련하고 있고, 한국의 지자체에서도 이를 추진 중이다. 이를 추진하는 지역은 주로 바다를 끼고 있다. 갈수록 늘어나는 빅테크 기업들의 원격근무 지원을 위하여 주거와 일의 형태는 급변하고 있는 상황이다.

여행이 주는 매력적인 경험은 그 무엇과도 비교가 안 된다. 직장인은 직장을 벗어나 여행을 꿈꾼다. 이런 이유로 다른 곳을 여행하며 자유롭게 일하는 디지털 노마드를 추구하는 사람들은 계속 늘어나고 있는 것이다.

당신이 원하는 라이프스타일은 어떤 스타일인가?

당신은 자신의 일하는 형태를 선택할 수 있다고 생각하는가?

누구나 원하는 인생은 있다. 10대, 20대에 공부를 하면서 원하는 인생이 있고, 30대에 돈을 벌고 가정을 꾸리며 원하는 인생이 있다. 또한 치열한 40대와 50대 이후의 삶에서도 원하는 인생은 각각 다르다. 각자가 원하는 라이프스타일도 계속 바뀐다. 하지만 매 시기마다 우리는 공통적으로 원하는 인생은 바로 '풍요로운 인생'이다.

당신은 풍요로운 인생을 살고 있는가? 그렇지 않다면 나는 디지털 노마드의 삶을 준비해보라고 말하고 싶다. 자신의 일상에서 여행을 선택할 수 있다면 그런 삶을 선택할 수 있다는 자체만으로도 당신은 이미 풍요로운 사람이기 때문이다. 그런데 여기서 생각해봐야 할 것이 있다. 그것은 바로 우리의 일상이다.

톨스토이의 《세 가지 질문》을 보면 '행동해야 할 가장 좋을 때와 올바른 조언을 해줄 가장 중요한 사람을 알고, 무엇보다 가장 중요한 일이 무엇인지 알면 무슨 일을 하든 결코 실패하지 않으리라.'라고 확신하는 왕이 있었다. 그래서 왕은 평민 복장을 하고 지혜로운 은자를 찾아가 이 3가지 질문을 했지만 은자는 대답이 없었다. 노쇠한 은자가 화단을 파는 것을 보고 왕은 은자의 삽을 넘겨받아 몇 시간 동안 땅을 팠다. 왕이 다시 은자에게 질문하려던 순간 한 남자가 피를 흘리며 뛰어들어 왔다. 왕은 그 남자를 데리고 들어가 상처를 치료해 주었고 다음 날 깬 남자는 왕에게 이렇게 말했다.

"폐하, 폐하가 제 형을 죽이고 재산을 몰수하여 저는 복수를 맹세하고 매복해있던 폐하의 적입니다. 하지만 폐하가 제 생명을 구해주셨습니다. 이제 원하신다면 폐하의 가장 충직한 신하가 되겠습니다. 부디 저를 용서해 주십시오!"

이 말은 들은 왕은 용서했을 뿐 아니라 신하와 의원을 보내 그를 돌봐 주고 몰수한 재산을 돌려주겠노라고 약속했다.

그런 다음 밖으로 나와 왕은 은자에게 다시 '세 가지 질문'을 했다. 그런데 은자는 놀랍게도 왕이 세 가지 질문에 대한 답을 이미 얻었다고 말하는 게 아닌가!

"답을 이미 얻었다니 그게 무슨 말이오?"

왕이 물었다.

"모르시겠습니까? 만약 폐하께서 저를 가엽게 여겨 화단을 파지 않고 길을 떠나셨더라면 저 사람은 폐하를 공격했을 테고, 폐하는 제 곁에 머물지 않은 것을 후회하셨을 겁니다. 그러니 가장 중요한 때는 폐하께서 땅을 파던 그 시점이고, 가장 중요한 사람은 저이고, 제게 선행을 베푸신 것이 가장 중요한 일이었지요. 나중에 저 사람이 달려왔을 때 폐하가 그의 상처를 돌보신 것이 가장 중요한 때였습니다. 폐하께서 상처를 싸매주지 않았더라면 그는 폐하와 화해하지 못했고 죽었을 테니까요. 그러니 그가 가장 중요한 사람이었고, 폐하가 그를 위해 하신 일이 가장 중요한 일이었던 셈입니다. 그러므로 기억하십시오. 가장 중요한 때는 바로 지금이라는 사실을!"

은자의 말처럼 지금이야말로 가장 중요한 때다. 지금은 우리가 무엇을 할 수 있는 유일한 시간이다. 지금이 모여서 일상이 되고 그 일상이 모여서 우리는 삶을 만들어간다.

일상은 치열할 수밖에 없다. 왜냐하면 자신의 인생이 일상에서 결정 나기 때문이다. 때로는 치열한 일상이 당신을 힘들게 할 수도 있다. 하지만 우리는 일상이 치열하기 때문에 여행이 더 달콤하다는 것을 잊지 말아야 한다.

혹시 지금 당신의 치열함에 조금 힘들다면, 여행을 계획하라. 지금 여행을 확정하라. 가까운 호프집 투어도 좋고, 멀리 여행을 떠나는 것도 좋다. 그런데 한번은 생각하라.

'지금 나의 일상을 행복하게 여행할 방법은 없을까?'

디지털 노마드를 선택할 수 있다면 축복이다. 하지만 그렇지 않더라도 우리는 자신의 하루를 여행할 수 있다. 짬을 낸 커피 한잔과 저녁의 산책, 부모님, 친구와의 통화로 우리는 지금을 여행할 수 있다. 일상을 여행하는 방법을 찾는 당신의 입가에는 여행에서보다는 덜하겠지만 옅은 미소가 머무르며 진심이 담겨 있을 것이다.

그 진심이 더 행복한 일상을 만들어가고, 더 행복한 여행을 만들어간다.

기억하라.

먼 여행도 중요하지만 지금의 일상이 더 소중하다는 것을…….

02
친구, 100일 100독 100블로그의 깨달음

나는 여행을 갈 때 꼭 챙겨가는 것이 있다. 휴대폰은 당연하고, 책, 노트북, 필기구, 노트를 챙겨간다. 대부분 사랑하는 사람도 챙겨가지만 안 챙겨 갈 때도 있다.

그렇다면 우리가 인생이란 여행을 갈 때 챙겨갈 것은 무엇이 있을까?

가족, 친구, 사랑하는 연인, 내가 할 수 있는 일, 남과 함께 할 수 있는 일이 떠오른다. 여기서 나는 '친구'라는 말이 기억에 남는다.

청춘을 보내며 직장을 잡을 때까지는 만나는 친구가 많다. 하지만 결혼을 하고 아이를 낳으면서 이웃을 더 많이 만나고 친구는 덜 보게 된다. 그래서 어른들은 '평생에 진짜 친구 세 명만 있어도 그 사람은 성공한 사람이다.'라는 말을 많이 한다. 이 말에 나도 공감하고, 진짜 같이 길을 걷고 같이 가는 친구가 아직은 있어 감사하다.

어느 순간 나는 평생 사람 친구가 아닌 또 다른 친구를 만났다. 바로 책이다. 내가 처음 책을 선택한 이유는 삶을 바꾸기 위해서였다. 또한 좋은 부모, 경제적 자유, 남은 인생을 후회하지 않기 위해 책에 대한 치열함은 더해간다.

책에 대한 치열함은 세상의 변화를 따라가기 위해 더 짙어진다. 우리가 사는 세상의 변화 속도는 엄청 빠르다. 중국 은나라의 최초 문자의 탄생 시점으로부터 활자기술, 인쇄기술, 책의 유통, 컴퓨터 개발, 인터넷 혁명, 스마트폰 등장, 데이터 세상, 블록체인, 로봇, AI, 메타버스 시대의 개막.

어떤가? 혹시 어지럽지는 않은가?

하루하루 일상을 살아가는 우리에게 이런 세상의 변화를 지속적으로 모니터링하는 일은 어려운 일이다. 하지만 이 어려운 일을 하지 않으면 우리가 살고 있는 안전지대가 흔들리는 것을 감지하지 못한다. 누가 내 피자를 옮겼는지 감지하지 못한다. 그래서 우리는 항상 새롭고, 변화하고, 호기심을 자극하는 것들을 주의 깊게 관찰하고 공부해야 한다.

세상을 알아가는 방법에는 여러 가지가 있다. 우리가 가장 가까이하는 유튜브, 네이버, 구글, 카카오에서 시작하여 책, 강의, 논문, 커뮤니티와 같은 다양한 방법으로 우리는 세상을 알아갈 수 있다.

그렇다면 우리는 왜 세상을 알아야 하며 어떻게 알아가는 것이 가장 좋을까?

내가 세상을 통째로 알려고 하는 이유는 내 인생을 내가 주도하기 위해서다. 수많은 문제에 흔들리지 않는 나의 인생을 위해서다. 그래서 세상을 통째로 알기 위해 나는 책을 읽고, 정리하고 치열하게 많이 책을 쓰고, 강의하는 인생을 선택했다. 다른 사람은 유튜브를 하고 수많은 경험을 하고, 사업을 하는 것을 선택하는 사람들도 있다. 각자의 선택이지만 흔들리지 않기 위해 세상을 판단하는 자신만의 기준은 필요하다.

내가 세상을 치열하게 알려고 노력한 것은 책을 쓰기 시작한 때부터다. 2018년에 발행한 책 《즐겁게 일하는 사람은 1%가 다르다》는 평범한 직장인이 평범하지 않은 인생을 만들고 즐기며 일하는 40가지 비법이 들어있다. 일과 관계를 내 편으로 만들어 성과를 내는 성공적인 직장생활에 필요한 모든 것을 담으려 한 책이다. 더불어 회사라는 무대에서 힘들어하는 사람들을 위해 일과 행복이 일치된 삶을 응원하며 이 책을 출간했다.

다음 책은 〈열두 계단〉이다. 이 책은 아직 출간하지 않았다. 출판사에 투고했지만 거절당해서 출간하지 않고 있다. 하지만 더 나은 방식으로 출판할 예정이다. 이 책을 쓰게 된 동기는 세 아이들과 동행하는 삶을 행복하게 만들기 위한 부모로서의 배움이 필요했다. 그래서 인간의 삶을 통째로 이해하기 위해 무수히 많은 책을 읽고 인생을 열두 계단으로 만들었다. 열두 계단을 지나며 겪게 되는 과정을 아이들과의 대화를 통해 책으로 구성했다. 이 과정을 겪으면서 내 삶도 레벨업되고 더 큰 곳을 향해갔다.

〈열두 계단〉 책을 쓰면서 이런 생각이 들었다. '아! 정말 〈열두 계단〉이란 과정을 모든 사람들이 알아야 하지 않을까? 부모, 아이들이 자신의 삶을 더 풍요롭고 자유롭게 살기 위해 이 책을 무조건 널리 알려야겠다.'라는 생각을 하게 되었다. 그리고 나는 2022년 인생의 최고속도를 시작하게 되었다.

내 인생의 최고 속도를 내기 위해 내가 선택한 것 또한 책이었다. 2009년도에 책에 몰입했을 때는 1달간 1일 1독을 했고, 지금까지 많은 책을 읽었다. 하지만 항상 부족함을 느꼈다. 뭔가 더 높은 차원의 깨달음이 필요했고 다시 책과의 도전을 했다. 바로 '100일 100독 100블로그'라는 슬로건으로 100일 동안 100권의 책을 읽고, 내용을 요약해서 블로그에 적는 방식이었다.

내가 운영하는 '오로지 진심'이라는 네이버 블로그에 해피프랜즈 서작가라는 필명으로 등재를 시작했다. 그냥 등재하면 재미가 없고 동력이 떨어진다는 것을 나는 알고 있었다. 그래서 '인생역전 100권의 추천 책'이라는 키워드를 포함하여 블로그 챌린지를 시작했다.

슬로건도 만들었다. 더 이상 내 인생을 그냥 흘려보내기 싫었기 때문에 나의 미래를 이끌 슬로건이 필요했다. '2022년은 미친 실행력의 시작이다.'라는 슬로건을 내걸었다. 그리고 나의 한계를 시험하기 시작했다.

하루에 2시간에서 3시간 책을 읽고 책을 요약하고 블로그에 등재하는 데 1시간을 투자했다. 100일간 총 300~400시간을 투자하여 블로그에 인생역전책을 요약해서 등재했다. 하루에 한 권 모두 등재하지 못하는 날도 있었다. 그래서 주말은 더더욱 많은 시간을 투자해서 미리미리 책을 요약하고 2~3편의 책 요약을 미리 해놓기도 했다. 그러지 않으면 돈을 버는 삶과 자기계발을 하는 온전한 시간의 균형을 이루는 것이 쉽지 않았기 때문이다.

그렇게 나는 3월 13일에 시작한 100일 100독 100블로그를 6월 13일에 끝낼 수 있었다. 그리고 탄성이 터져 나왔다. '우와, 진짜 끝냈다. 진짜 시원하다.'라는 생각뿐이었다. 그리고 맥주 한잔을 마셨다.

100일 100독 100블로그를 정리하면서 나의 도전은 더더욱 확대되었다. 도전이 도전을 낳는 삶이 계속되었다. 100일 100독을 하면서 회사에도 많은 변화가 일어났다. TFT지만 처음 팀장을 달았다. 어려운 회사에 활력을 불어넣기 위해 '자발적인 변화'를 추구하는 팀이었다.

팀을 만들고 팀을 꾸려나가는 것은 힘든 일이다. 그런데 내가 책을 통해 자신의 생각을 키우면서 다짐한 것이 있었다. 바로 '최악의 순간을 상상하라.'라는 것이다. 최악의 순간을 상상한다는 의미는 모든 일을 내가 책임을 지고 혼자 해결할 수 있는가를 결정하는 일이다.

TFT 팀에는 많은 일이 생겨난다. 그 많은 일을 처리해야 하지만 TFT 멤버들은 뜻대로 움직이지 않는 상황이 발생될 수 있다. 이런 순간이 왔을 때 자신이 다 처리할 수 있는가를 판단해 보아야 한다. 그래서 나는 판단했고 결심했다.

'최악의 순간까지 내가 혼자 책임을 지고 끌고 갈 것이다.'

그런데 생각해 보니까 혼자가 아니었다. TFT 멤버들과 협동이 잘된 것도 있었지만 더 큰 힘을 받은 것은 바로 100일 100독에서 얻은 인생의 교훈들이었다.

《멘탈의 연금술》에서 "성공이란 잠재력을 대담하게 펼치는 사람이 되는 것이다. 누구도 당신의 한계를 모른다."라는 문구를 통해 나의 한계 없음에 대한 신념을 새겼다. 또한 〈한 단어의 힘〉에서는 나의 한 단어인 '진심'을 찾았다. 〈수도자처럼 생각하라〉를 통해서는 나를 힘들게 하는 것들에 대한 세련된 대응방식을 배웠다. 그리고 '자신의 그릇을 키우는 세 가지 원칙'도 만들었다.

1. 자신을 깊이 자각하고 쓸데없는 것을 놓아주어라.
2. 오직 자신 안의 다르마(소명)를 발견 확장해서 진정한 변화를 이루어라.
3. 감사와 나눔으로 자신의 주위를 아름다움과 의미로 채워라.

책과 함께한 수없이 많은 주옥같은 경험들이 나와 회사의 지금을 밀어 올렸다. 아침에 읽은 것을 회사에서 실천하고, 실천을 바탕으로 더 나은 나를 만들어갔다. 빠르고 정확한 기획을 잘하는 나, 사람들에게 에너지를 주는 나, 사람들에게 진심을 전하는 나, 시기와 질투에 나를 잃어버리지 않는 힘을 배우고 실천해갔다.

결국 '100일 100독 100블로그'로 나는 내 인생의 흔들리지 않는 친구를 만들었다. 그 친구는 내가 힘들고 외롭고 주저할 때 말을 건다.

'너는 이미 알고 있잖아. 주저하지 말고 그냥 해. 너는 충분한 능력이 있어.'라고 말을 걸었다. 그리고 나는 대답한다.

'100일 100독 100블로그도 해냈는데 이쯤이야!'

누구나 인생의 절실함이 있다. 수많은 사람들이 책에서 영감을 얻고 인생을 바꿨다는 말을 많이 한다. 나도 마찬가지다. 나 또한 내 인생을 송두리째 바꿨고 계속 바꿔 가는 중이다. 그리고 가장 절실히 원하는 후회하지 않은 인생을 위해 100일 100독을 선택했던 것이다.

만약 당신이 정말 절실하다면 인생에 한 번은 꼭 해야 하는 것이 바로 100일 100독 100블로그다. 이 100일 100독 100블로그를 한다면 정말 바뀔 것이다. 그리고 그 바뀜이 새로운 문을 연다는 것을 약속할 수 있다. 무조건 열린다. 이제 당신도 당신의 문을 열 때다.

03
JUST 1year, 가슴 뛰는 삶을 위한 5가지 묘약

이 책을 든 당신에게 책은 어떤 의미인가?

어느 순간 나에게 책이라는 친구가 들어왔다. 그리고 지금은 내 인생과 완전히 결합되어 간다는 것을 느낀다. 내 풀리지 않는 갈증과 욕망을 분출하고, 나의 하루하루를 더 풍요롭게 만드는 최고의 책 쓰기를 하고 있기 때문이다.

책에서 얻는 풍요로움은 그 무엇과도 비교할 수 없다. 더 크고 고요한 마음을 갖게 하고 많은 사람이 원하는 부자의 길을 열어준다. 부자의 길에 책이 없다는 것은 말이 안 된다. 책 없이 보통 사람이 부자의 그릇을 키울 수 없다. 설령 위대한 스승을 만난다 해도 자신의 그릇이 작기 때문에 부자가 되는 것은 불가능하기 때문이다.

요즘 내가 확고하게 깨달은 게 있다. 바로 '나를 경영하는 시스템'이다. 책과 나의 진심이 만나면서 나를 경영하는 일이 시스템화 되었다. 내 인생의 '다시 무너지지 않는 시스템'으로 더 풍요롭고 행복한 삶을 경영해가고 있는 것이다.

내가 나를 경영하는 '다시 무너지지 않는 시스템'에는 핵심적인 5가지 요소가 들어있다. 더 많이 들어있지만 제일 핵심은 바로 미션, 묘비명, 한 단어, 슬로건, 핵심가치다. 이 말을 들으니까 기업을 경영하는 것이 생각나지 않는가? 맞다. 이 5가지를 깨달은 것은 사업공부를 하고 실패를 해보면서 깨달은 것이다.

누군가와 부딪히면 누군가는 깨진다. 하지만 어떤 사람은 부딪히면 부딪힐수록 더 강해지고 더 유해진다. 바로 '자신의 중심'이 잘 세워진 사람이다. 이런 사람은 어떤 순간에도 배움을 선택한다. 명쾌한 목표를 가지고 한 걸음 한 걸음 나아가며 성공을 이끈다. 그들이 실패에서 다시 무너지지 않는 자신을 만든 핵심적인 이유는 바로 〈가슴 뛰는 삶을 위한 5가지 묘약〉을 가지고 있기 때문이다.

첫째, 미션이다. 나는 한때 peterseo라는 필명을 사용했다. 피터 드러커에게 매료되어 피터서라는 아이디를 만들었었다. 피터 드러커의 인생 사명서에 들어있는 제일 중심이 바로 미션(mission)이다. 미션은 내가 살아가는 존재 이유이다. 나의 미션은 '백천비'다. '100년 이상 1,000억 이상의 기업을 만드는 비즈니스를 운영한다.'라는 뜻을 담고 있다.

책을 읽고 중간계 신병철 박사의 강의를 들으면서 사업에 대한 열망을 키웠다. 그리고 그 열망이 다시 무너지지 않는 회사, 가장 행복한 자동차 회사를 만든다는 꿈이 백천비로 확대된 것이었다.

둘째, 묘비명이다. 죽음을 생각하면 우리는 숙연해진다. 지금 이 순간을 더 소중하게 느끼게 만든다. 내가 묘비명을 정한 이유는 바로 '죽음 앞에 후회 없는 삶'을 살기 위해서다. 그래서 후회 없는 죽음 앞에서 지은 묘비명이 바로 '해피프랜즈들과 한세상 잘 살다 갑니다'이다.

아이가 초등학교 때 학교 아이들의 안전을 위해 야간순찰을 도는 아버지회를 창단했다. 이 활동을 하면서 아빠들의 고민과 아픔을 공감하며 '아빠들에게 힘을 주는 삶을 살면 어떨까'라는 생각에서 나의 묘비명은 출발했다. 이 묘비명이 김미경 원장의 유튜브 대학인 MKYU 학생이 되며 해피프랜즈로 바뀌었다. 워낙 여학생들이 많아서 해피파파에서 해피프랜즈로 바꾼 것이다.

셋째, 한 단어이다. 내 인생의 한 단어는 '진심'이다. 이 진심은 중용 23장을 내 인생에 끌어들이면서 찾았다. '그러니 오직 세상에서 지극히 정성을 다하는 사람만이 세상을 변하게 할 수 있는 것이다.'라는 구절을 암송하며 수개월 동안 길을 걸었다. 그때 우연히 머리가 선명해지면서 '진심'이라는 단어가 내 인생에 들어왔다.

'그래, 어차피 한세상 사는 것 후회 없이 진심을 다해 살자.'라는 신념이 내 안에 뿌리내렸다. 이런 '나의 진심'은 어떤 순간 어떤 어려움에도 '나에게는 선택할 수 있는 힘이 있다.'라는 것을 잊지 않게 해준다.

넷째, 슬로건이다. 내 인생에 슬로건을 세우기 시작한 것은 2022년도부터다. '나를 알고 사랑하며 서로가 도우면 길이 된다.'라는 인생의 좌우명을 세운 지는 오래되었다. 하지만 슬로건에 대해서는 별 다른 필요를 느끼지 못했었다. 그러나 회사가 어려워지고 인생의 간절함이 더해질수록 슬로건에 대한 필요성은 커져만 갔다. 100일 100독 100블로그를 도전하면서 인생의 슬로건은 자연스럽게 만들어졌다. '2022년은 미친 실행력의 시작이다.'가 바로 나의 첫 슬로건이었다.

슬로건을 세운 후 바디 프로필 사진을 찍고, 공부와 책 쓰기를 병행하며 2022년을 보냈다. 더불어 2026년까지 내 인생을 통째로 바꾸는 5년으로 설정했다. 이런 결정들은 22년도 슬로건을 설정하면서 시작되었다. 나도 처음에 슬로건의 힘이 이렇게 확대될 줄은 몰랐다. 하지만 지금은 그 힘을 절실히 깨닫고 있다.

슬로건의 힘은 '2023년 11월 나는 12권의 책을 썼다.', '부자의 길은 이미 시작되었다'는 슬로건으로 확대되었다.

결국 그동안 미룬 '행복한 부자의 길', '선한 영향력의 길'에 대한 확신을 가지고 시작한 것이었다. 비록 힘들 때도 있지만 성장하는 나를 보며 나는 올해의 목표를 달성하기 위해 안간힘을 쓴다. 그리고 그 힘은 복리로 증대되고 있는 중이다.

마지막은 핵심가치다. 내 인생의 핵심가치는 감사, 친절, 정직, 평화 4가지다. 핵심가치는 인생의 돈 공부, 마음공부 중에서 마음공부에 해당되며 하루하루를 보내는 자세가 담겨있다. 세상과 사람과 부딪히면서 순간순간 밀려오는 감정에 누구나 흔들린다. 이 흔들림의 순간에 나를 보호하고 지금 나의 길을 행동하게 하는 힘이 바로 핵심가치에 들어있는 것이다.

'가슴 뛰는 삶을 위한 5가지 묘약'에는 핵심적인 5가지 요소인 미션, 묘비명, 한 단어, 슬로건, 핵심가치는 삶의 순간순간 내가 진짜 나의 인생을 살고 있음을 인식시킨다. 이런 인식이 하루하루를 성장시키고 후회 없는 삶을 만들어간다. 그런데 조금 부족하게 느껴지는 부분이 있었다. 먼 미래가 아닌 바로 앞의 미래에 내가 무엇을 선택하느냐가 문제였다.

먼 미래는 우리에게 강력한 동기를 이끌어내지 못한다. 그래서 작은 동기를 계속 만드는 나만의 루틴이 필요했다. 위너들도 큰 목표를 위해 목표를 잘게 나누며 그것을 실행하는 하루하루의 루틴을 만들어간다.

아마존은 '플라이휠' 전략이라는 것이 있다. 플라이휠은 엔진과 같은 회전체에 쓰이는 큰 회전판을 말한다. 처음에 돌리면 큰 힘이 필요하지만 속도가 붙으면 관성으로 돌아간다.

제프 베조스는 창업 7년 차 때 플라이휠에 대한 그림을 그렸다. 최저가 구조--〉최저가--〉고객경험--〉성장--〉최저가구조가 핵심이었다. 또한 여기에 고객 경험을 개선하기 위해 트래픽을 개선하고 판매와 선택의 경험과정을 지속적으로 개선하는 전략을 폈다. 고객을 최우선에 두고 최저가라는 핵심경쟁력을 키워 지금의 아마존을 만든 가장 강력한 비밀이 바로 아마존의 플라이휠 전략이었다.

아마존이 플라이휠 전략을 펼치기 전과 후는 완전히 달랐다. 나 또한 나의 '진심 플라이휠'을 실행하기 전후가 완전히 달라졌다. 나의 진심 플라이휠은 5가지로 이루어진다.

1. 하루에 진심을 다하기 위해 새벽에 일어나 책을 쓰고 읽는다.
2. 모든 것은 미래를 공부하고 핵심경쟁력을 키우는 것에 집중

한다.

3. 목적의식을 가지고 진심을 다해 배운 것을 실천한다.
4. '더 적게 더 좋게' 하는 방법을 찾는다.
5. 두려움이 오기 전에 작게 시작하여 '진심 플라이휠'을 계속 돌린다.

진심 플라이휠은 〈가슴 뛰는 삶을 위한 5가지 묘약〉과 어우러진다. 미션, 묘비명, 한 단어, 슬로건, 핵심가치와 진심 플라이휠이 만나 나다움은 짙어지고, 탁월함은 증대된다. 그리고 그 중심에 '진심'이 있다.

꾸준한 몰입은 탁월함이 된다. 또한 진심을 다한 탁월함이 커뮤니티와 연결되면 선한 영향력이 되고 후회 없는 인생의 무대를 열게 한다. 결국 '죽음 앞에 부끄럽지 않은 진심'은 가슴 뛰는 삶을 선물한다.

지금 당신의 삶은 무엇을 원하고 있는가?

이미 이 책을 지금까지 읽고 있는 당신의 진심은 울리고 있지 않은가? 그렇다면 얼마 지나지 않아 당신도 가슴 뛰는 삶을 선물 받을 것이다. 당신의 진심을 진심으로 응원한다.

04
Get to, 일단 시작하고 실수는 나중에 고쳐라

인생은 어떻게 살아야 할까?

인생은 공부와 경험을 통해 '알고 실천하며 더 잘하기 위해 수정해나가는 과정을 반복하는 삶'이다. 그리고 이 과정이 행복해야 한다.

하지만 이 과정에서 주저하는 사람들이 많이 있다. 두려움과 사랑 중에 두려움을 선택하는 사람이 많은 것이다. 두려움은 과거의 아픈 경험, 미래에 대한 준비되지 않음에서 온다. 그래서 우리는 과거의 경험을 성공으로 바꾸고, 미래를 준비하는 공부와 경험이 필요하다.

미래를 준비하는 과정에서 우선 필요한 것이 있다. 바로 앞에서 이야기한 〈가슴 뛰는 삶을 위한 5 가지 묘약〉을 가지는 것이다. 미션, 묘비명, 한 단어, 슬로건, 핵심가치다. 이 5가지를 가슴에 담아야 한다. 이 5가지에 대한 내용은 '오로지 진심'이라는 블로그의 '가슴 뛰는 삶을 위한 5가지 묘약'을 보면 알 수 있고, 앞장을 참조해서 적어보기 바란다.

그렇다면 〈가슴 뛰는 삶을 위한 5가지 묘약〉을 장착한 사람들은 어떻게 해야 할까? 일단 시작하는 것이다. 부딪히고 깨지는 것을 두려워하지 않아도 된다. 일단 시작하고 나중에 고치면 된다. 이미 당신은 많은 것을 가지고 있기 때문에 두려워하지 않아도 된다. 그냥 하면 된다.

〈유퀴즈〉에 《나의 문화유산답사기》를 쓴 유홍준 저자가 출연했다. 우리가 가진 문화유산을 20년 동안 소개하면서 500만 부의 책을 판매한 베스트셀러 작가다. 이 프로그램을 보면서 스쳐 지나간 말이 있었다. 그것은 바로 인간에 대한 3대 명언이었다.

너 자신을 알라. –소크라테스
나는 생각한다. 나는 존재한다. –데카르트
사람은 아는 만큼 보인다. –유홍준

3대 명언 중 '너 자신을 알라.'라는 말은 자신에 대한 성찰을 통해 흔들리는 자신의 중심을 잡아가는 '정체성'의 중요성을 알게 했다. 또한 '나는 생각한다. 나는 존재한다.'라는 말은 생각하는 인간의 위대함과 존재의 이유에 대한 깨달음을 주었다. 마지막 '사람은 아는 만큼 보인다.'는 지속적인 공부를 통한 깨달음의 확장이 얼마나 중요한지를 일깨워 줬다.

그리고 어느 순간 이 세 가지 명언들이 조합되었다.

'나를 알고, 의도된 생각으로 세상을 공부하는 습관이 결국 위대한 삶을 살아가게 하는구나!'

결국 인간은 자신을 성찰하고, 남과 세상을 이해하는 공부를 하며, 의도된 생각으로 위대함을 만드는 삶을 살아간다. 하지만 누군가는 주저하고, 생각의 위대함을 잊어버리며, 남의 의도대로 살아간다. 그래서 우리는 자신의 앎을 확대하고, 실천해서 습관을 만들어야 한다. 아는 것에서 그치는 것이 아니라 습관에 기대는 삶을 만들기 위해 노력해야 한다는 뜻이다.

켈리최 회장이 쓴 《웰씽킹》이란 책의 p119에 보면 '백만장자의 선언문'과 p249에 '아이를 위한 아침 확언'이 나온다.

나 또한 아침 확언과 선언의 중요함을 알고는 있었다. 하지만 완전히 나의 습관이 되어 있지 않았다. 그래서 나는 내가 이미 습관화된 블로그 감사일기의 앞에 〈미라클 확언〉이라는 챌린지를 통해 '부자의 확언'을 습관화했다. 《웰씽킹》 책을 사서 읽고 난 다음 날에 바로 시작해서 그녀의 확언 습관을 나의 확언으로 만들었다.

그리고 나는 2가지를 더 추가했다.

1. 2023년 12권의 책을 집필, 한계는 없다.
2. 부자의 길은 이미 시작되었다.

이 2가지 확언을 추가한 이유가 있다. 하나는 책 쓰기라는 핵심 경쟁력를 최고의 수준으로 만드는 것이다. 다른 하나는 말로만 하는 경제적 자유가 아닌 실질적은 부자의 길을 실천한다는 이유였다. 이 두 가지를 통해 2023년을 '무식한 도전기'로 설정했고, 나는 '무식한 축적의 시간'을 투자하고 있다. 나의 아침 확언은 '오로지 진심' 블로그나 뒤쪽의 부록을 참조하면 된다.

'부자들은 이미 시작하고 있다.'라는 말이 있다. 누구나 경제적 자유를 원하고 풍요로운 삶을 원한다. 하지만 무수히 많은 책에서 이야기하는 습관들을 자신의 것으로 끌어들이는 데는 소홀하다. 자신만의 부자의 길을 만드는 데 시간을 많이 투자하지 않는다. 그래서 우리는 일단 시작하는 습관을 들여야 한다.

〈가슴 뛰는 삶을 위한 5가지 묘약〉과 〈인간에 대한 3대 명언〉을 실천하는 사람이라면 그냥 시작하면 된다. 하지만 그렇지 않은 사람은 결정을 할 때 4가지만 기억하길 바란다.

1. 이게 사실인가?
2. 이게 진실인가?
3. 지금 꼭 결정을 해야 하는가? 결정하지 않으면 가지게 될 최대 리스크는 뭔가?
4. 포기한다면 내가 가지게 될 최대의 리스크는 뭔가?

상황을 바라보고 사실을 파악하고, 그 이면에 들어있는 진실과 의도를 바라봐야 한다. 또한 결정하지 않는 선택도 가능하다는 것을 깨달아 최대의 리스크를 생각해서 결정해야 한다. 절대 조급해하지 마라. 조급하면 꼭 사고가 생긴다.

수천 권의 책을 읽으면서 깨달은 단 하나의 메시지가 있다.

'모든 것이 내 안에 있다. 두려워 마라.'

당신 안에는 모든 것이 들어있다. 인생은 당신이 쓰는 스토리일 뿐이다. 그 스토리에는 아픔과 고난이 반 들어있고, 행복과 사랑도 반 들어있다. 그 반반의 인생에서 당신의 선택이 경험을 만들고 더 다채롭고 감동스러운 인생을 만드는 것이다. 하지만 선택하지 않은 인생은 스스로 굴곡을 만들지 않으며 남이 만든 장기판 위에서 놀 뿐이다.

해보고 후회하는 것보다 해보지 않은 후회가 더 크다. 성공한 사람들은 작게 먼저 시작한 이후에 고민한다. 자신이 할 수 있는 가장 작은 것부터 시작하며 먼저 움직인다. 움직이다 보면 새로운 상황과 문제들을 만나게 된다.

문제는 성공의 마중물이다. 마중물을 붓지 않으면 성공의 물줄기를 끌어들이지 못한다. 설령 1% 성공하고 99%를 성공하지 못하고 실패해도 괜찮다. 다르게 생각하면 작은 시도로 99% 모자란 성공을 경험한 것이기 때문이다.

당신 인생의 시도 자체를 나는 응원한다. 부족한 부분은 알고, 또다시 수정해서 시도하고, 다시 고치고를 반복하면 된다. 알고 시도하고 수정하여 다시 도전하는 것만이 내가 원하는 곳으로 나를 데려다 놓는다. 이런 과정에서 친구가 있다면 당신의 인생은 더 풍요로울 것이다. 만약 사람 친구가 없다면 책을 선택하라. 책은 기분에 따라 움직이지 않고 항상 당신의 곁을 지켜준다.

이 책을 쓴 이유는 당신의 인생을 응원하기 위해서다. 당신이 진심을 깨달았으면 하는 바람을 담았다. 당신 안에 진심이 있다면 크든 작든 상관없다. 시도하고 자신을 믿어라. 그러면 당신은 분명히 '진심의 문'을 활짝 열 것이다. 그것은 확실하다.

05
핵심경쟁력, 네트워크 이펙트가 만드는 원씽

만남과 헤어짐의 연속! 그것이 인생이다. 만남과 헤어짐에서 남긴 흔적들과 경험들은 우리를 성장시킨다. 실패도, 성공도 단지 만남과 헤어짐의 결과물이지 지속된 행복을 보장하지는 않는다. 지속된 성공도 보장하지 않는다. 그래서 나는 단지 불행하지 않는 것이 행복이라고 생각한다.

그렇다면 행복은 어디서 오늘 것일까?

서울대학교 최인철 교수는 '친구가 행복하면 15% 행복해지고, 친구의 친구가 행복하면 10% 행복해지며, 친구의 친구의 친구가 행복하면 6%는 행복해질 확률이 있다. 4단계 이후에는 영향을 미치지 않는다.'라고 말했다.

최인철 교수의 말을 들으면서 '행복을 가까이하면 행복해진다.'

라는 생각이 나의 마음을 사로잡았다. 그리고 나는 궁금했다.

'행복을 가까이한다는 말은 어떤 의미일까?'

결국 네트워크다. 네트워크에서 오는 행복이 자신의 행복을 결정하는 것을 깨달았다.

행복은 내가 나와 만나는 시간, 내가 세상과 만나는 시간에 숨어 있다. 자신의 진심과 시도가 세상과 만날 때 우리는 비로소 웃으며 성장한다. 그리고 그 만남에서 당신의 모든 것은 더 풍요로워진다. 만남의 풍요로움이 더 큰 이유는 아픔도 함께 있기 때문이다. 아픔의 시간이 지나야 복잡한 세상 속에서 평화를 깨닫게 된다. 아픔 후에 오는 평화 속에는 자신의 행복, 우리의 행복을 연결하는 힘이 들어있다. 이 힘이 바로 '네트워크의 힘'이다.

2022년 12월 14일, 1년간의 새로운 시도가 세상에 더 큰 영향력을 미치는 한 해를 마무리하는 날이었다. MKYU 굿짹월드 514 챌린지의 2022년 마지막 행사였다. 2022년 1월 1일 새벽 5시 미라클모닝에 11,200명의 사람들이 모였다. 그렇게 모인 사람들에게 김미경 원장은 말한다.

"여러분은 지금 여러분 자신을 들어 올리는 중입니다."

2022년을 힘들게 보낼 열정 대학생들을 위해 시작한 미라클모닝을 '한 달하고 그만하려 했다.'는 김미경 원장은 이 대장정을 1년간 진행한다. 월별로 새로운 테마, 새로운 이벤트, 새로운 나와 만나는 시간을 1년간 150만 명의 사람들과 함께했다. 어떤 사람들은 "이단 아니야? 새벽에 일어나서 뭐해?"라고 말하지만 김미경 원장은 말한다.

"우린 삼단이야."

누구도 이런 모임을 만들지는 못했다. 삶을 위해 노력하고 하루하루 일상을 헤쳐 나가는 많은 사람들! 그들의 숨은 노력이 담긴 외로운 새벽을 '굿짹월드'를 통해 함께라는 즐거움을 선사했다. 과연 그 속에는 무엇이 담겨있을까? 누구도 말할 수 없는 소울이 담긴 모두의 여정이 들어있었다. 그 속에서 함께하고 그 속에서 같이 울고 웃으며 서로서로 함께 성장한 그들의 발자국들이 담겨있었다. 그것이 바로 '굿짹월드'라는 네트워크가 가진 힘이었다.

더불어 굿짹월드라는 공간은 '어떤 의미'를 주었다. 누군가는 자신의 변화하는 인생을 위해 많은 시간을 혼자 공부한다. 고독의 시간을 가지고 성장한다. 이런 고독의 시간에 함께 성장할 수 있는 사람이 있다면 성장 속도는 배가 된다. 이것이 바로 성장을 함께하는 네트워크를 가진 사람과 그렇지 않은 사람의 차이다.

누구는 부자가 되고, 누구는 부자가 되지 못한다. 그 차이는 성장속도의 차이도 있지만 더 중요한 것이 있다. 바로 시장을 만드느냐 만들지 못하느냐에 있는 것이다. 네트워크는 시장을 의미하기도 한다. 부자들은 네트워크를 통해 빨리 배우고 그 속에서 제품과 서비스를 테스트하며 자신의 핵심경쟁력을 발견한다. 그래서 행복한 부자의 길에서 가장 중요한 밑거름이 바로 네트워크에서 인정받은 핵심경쟁력인 것이다.

그렇다면 우리는 어떻게 네트워크 속에서 자신의 핵심경쟁력을 찾을 수 있을까?

어떤 부자도 처음부터 어마어마한 성공을 이루지 않았다. 그들도 단지 자신이 잘하는 것에서 출발했고 계속 시도해서 핵심경쟁력을 길렀다. 작은 것에서 출발해서 큰 것을 이루는 과정 중에 핵심경쟁력이 생겼고 결국 시장에서 인정받은 것이다.

김밥 CEO 김승호 회장은 자신이 가장 잘하는 것이 무엇이냐고 물었을 때 이렇게 대답했다.

"나는 매장의 진열방식을 바꾸면 매출이 얼마나 바뀌는지 안다. 이것이 나의 핵심경쟁력이다."

김승호 회장은 자신의 가장 잘하는 사람들의 동선, 시선에 따른 제품의 진열 위치를 정할 수 있는 능력을 가짐으로 세상에서 가장 큰 도시락 회사를 만들었다.

또한 중간계 사업학교의 신병철 박사는 마케팅과 심리학에서 나오는 논문에 근거하여 '실무와 이론을 연결하는 중간계 사업학교'를 운영한다. 자신의 마케팅에 관한 세계적인 이론의 조합을 통해 중소 사장들 사이에서는 '사업의 신'과 같은 존재로 알려져 있다.

마지막 김미경 원장은 음악학원 원장에서 강사, 사업가의 여정 속에서 성장한 스토리를 바탕으로 콘텐츠를 만드는 핵심경쟁력을 가지고 있다. 이 핵심경쟁력을 통해 '공부로 꿈을 이룬다.'라는 세계관 아래 유튜브 대학을 만들었다. 이 유튜브 대학은 최초의 유튜브 대학으로 새벽을 자기편으로 만드는 굿짹월드까지 만들면서 최고의 인기를 누리는 중이다.

신병철 박사가 말하는 단 하나의 메시지가 있다.

"사업을 하려면, '최초이거나, 다르거나, 완전히 압도하거나'를 기억해라. 그렇지 않으면 경쟁 속에서 힘들어진다."

결국 신병철 박사는 '최초이거나 다르거나 압도하는 핵심경쟁력'을 사업의 첫 번째 조건으로 강조하고 또 강조했던 것이다.

누구나 일상을 살아간다. 이 일상 속에서 우리는 누군가와 관계를 맺으며 살아간다. 그 관계들 속에서 누군가는 핵심경쟁력을 가지고 있고 누군가는 가지고 있지 않다. 핵심경쟁력을 가지지 않은 사람은 핵심경쟁력을 가진 사람을 위해 일하게 된다. 왜냐하면 핵심경쟁력을 가진 사람은 확실한 의도를 가지고 살기 때문이다.

2023년 나 또한 나의 핵심경쟁력을 최고 수준으로 갈고 닦는 중이다. 후회하지 않는 인생을 위해 새벽에 책을 쓰고, 회사에서는 다시는 무너지지 않는 회사를 만들기 위해 회사의 핵심경쟁력을 하나하나 만들어가는 삶을 살고 있다. 또한 일을 하는 것이 아니라 나의 삶을 사랑하는 것을 선택했다.

당신은 자신의 삶을 사랑하는 것을 선택했는가? 그리고 후회 없는 인생을 원하는가?

그렇다면 자신의 핵심경쟁력을 만드는 것에 다시 집중해야 한다. 그리고 적극적인 네트워크를 만들어야 한다.

네트워크는 자신의 가치를 테스트해볼 수 있는 소중한 공간이다. 그 공간에 시간을 들여서 자신의 핵심경쟁력을 테스트받고 키워나가야 한다. 그리고 핵심경쟁력이 돈이 되고, 돈이 다시 가치를 만드는 곳으로 흘러가는 구조를 만들어야 한다. 그것이 바로 네트워크 이펙트를 최대한 활용하는 방법이다.

나는 기원한다. 당신의 핵심경쟁력이 네트워크에서 인정받고, 그 네트워크를 더 풍요롭게 만들기를 응원한다. 주저하지 마라. 두려워하지 마라. 시도하면 반드시 성장하고 포기하지 않으면 반드시 결과를 얻게 된다.

결코 시도하지 않는 자신을 허락하지 않기를 바란다.

06

확신, 누구도 당신의 허락 없이는 자신의 가치를 정하게 하지 마라

우리는 누군가의 딸이고 아들이며, 누군가의 엄마 아빠이다. 가정에서 직장에서 사회에서 우리는 누군가로부터 평가를 받고 그 평가 때문에 울기도 하고 웃기도 하는 상황이 벌어진다. 그런데 왜 우리는 울고 웃을까?

바로 자신에 관해 남이 내린 평가를 허락했기 때문이다.

인도의 비폭력 해방운동을 전개하여 인도의 정신적인 지주가 된 마하트마 간디는 말한다.

"저는 어느 누구도 그의 더러운 발로 제 마음을 밟도록 허용하지 않겠습니다."

간디의 말처럼 어느 누구도 당신의 허락 없이 자신의 마음을 짓

밟을 수 없다. 마음에 두려움과 '똥'을 던질 수 없다. 어느 누구도 당신의 허락 없는 자신의 행복에 돌을 던질 수 없다.

나에게는 세 아이가 있다. '세 아이의 부모로서 무엇을 남겨줘야 할까?'를 생각했을 때 내가 내린 결정이 있다. 그것은 바로 '스스로 자신의 가치를 결정하는 아이가 되게 하자.'였다.

그렇다면 어떻게 아이가 흔들리지 않고 스스로 자신의 가치를 정하게 할까?

부모와 아이 사이에 많은 말이 오고 간다. 부모는 많은 것을 가르쳐주려 하지만 아이들은 갈수록 부모의 말을 귓등으로 듣는다. 그래서 부모는 잘 생각해야 한다. 무엇이 아이의 인생에서 중요한지를 생각해야 한다.

아이의 인생에서 부모의 말은 크게 중요하지 않다. 더 중요한 것은 바로 아이가 '자신에게 해주는 말'이다. 아이들은 자신에게 해주는 말에 익숙해져야 한다. 부모가 아이들의 일거수일투족을 모두 참견하고 돌봐줄 수는 없다. 그래서 아이가 스스로를 믿고, 힘든 일을 겪을 때 스스로에게 용기를 주는 말을 하는 연습이 무엇보다 필요하다.

인생은 문제해결과 도전의 연속이다. 문제해결과 도전에서 진정한 나의 가치를 찾아가는 과정이다. 하지만 진정한 나의 가치를 찾는 것은 어렵다. 어른들도 힘든데 하물며 아이들은 어떻겠는가?

이런 이유로 나는 부모로서 인생을 먼저 살아본 선배로서 아이들에게 꼭 해주어야 할 말이 있고, 때가 있다고 믿는다. 부모가 깨달음을 전할 때는 문제가 발생했을 때다. 문제가 발생했을 때 부모는 '아이가 문제 속에서 스스로에게 힘과 용기를 주는 연습을 한다.'라는 생각으로 아이에게 말을 하고 카톡을 보내야 한다. 왜냐하면 문제는 아이가 성장하는 최고의 기회이고, 그 기회를 계속 살리는 것이 바로 부모의 역할이기 때문이다.

나의 세 보물도 함께 있으면 하루 종일 문제가 생긴다. 문제가 생기면 아이들은 부모의 눈치를 보며 머뭇거리고 두려워한다. 또한 새로운 도전에 머뭇거리며, 자신이 인생의 주인공임을 잊어버린다. 이럴 때 나는 아이들에게 이런 말을 한다.

"괜찮아. 천천히 생각해봐. 이럴 때는 천천히 생각하는 거야. 두려워하지 마. 할 수 있어."

"지금까지 너는 노력해서 많은 것을 이겨냈고 성장했잖아. 그렇게 너를 믿으면 돼."

"어느 누구도 너의 허락 없이 너에게 두려움을 심어줄 수 없는 거야."

"너의 감정은 네 거야. 너의 가치는 너만이 결정할 수 있어."

"항상 '나는 할 수 있어. 이쯤이야.'를 생각해. 네가 상상하는 모든 것은 이룰 수 있어."

자신이 부모라면 아이가 오늘 어떤 말을 들었는지를 한 번쯤 생각해보자. 아이의 세상 속에서 두려움과 외로움을 주는 말들로 채워져 있지는 않은가? 이제는 살펴봐야 한다. 아이의 미래는 아이가 듣는 말에 큰 영향을 받기 때문에 누구도 아이의 미래를 결정하는 말을 해서는 안 된다. 아이의 미래는 자신만이 결정할 수 있으며, 아이가 바로 인생에 주인공이다. 자신에 대한 확신을 가지고 나가야 할 진짜 주인이 바로 아이인 것이다.

당신도 마찬가지다. 당신이 진짜 주인공이다. 아이들을 위한 삶이 전부가 아니다. 남을 위한 삶이 전부가 아니다. 바쁘게 흘러가는 일상도 당신에게 무엇보다 소중한 생명과 같은 시간이다.

때로는 세상과 만나며 분주함을 겪고 때로는 두려움과 힘든 과정도 겪을 것이다. 하지만 두려움을 허락하지 마라. 분주함을 허락하지 마라. 당신의 가치는 오직 당신만이 정할 수 있다. 누구도 당신의 허락 없이 당신의 마음에 두려움을 심을 수 없다. 절대 허락하지 마라.

"자기를 사랑하고 남을 사랑하라."

바로 안창호 선생님의 말이다.

우리는 자신을 먼저 사랑하고 그다음에 남을 사랑할 수 있다.

자신을 사랑하지 않고 남을 사랑한다면 남이 자신의 가치를 정하게 된다. 하지만 자신을 사랑하는 사람은 남이 던진 '생각의 똥'을 자신의 머릿속으로 가지고 오지 않는다. 자신의 가치를 더럽히지 않는다.

나태주 시인의 〈풀꽃〉이란 시가 있다.

자세히 보아야
예쁘다

오래 보아야
사랑스럽다
너도 그렇다.

자세히 보아라. 이미 당신은 충분하다. 이미 충분하고 사랑스럽고 예쁘다. 무수히 많은 어려움을 지내며 살아온 지금 당신은 이미 위대한 사람이다. 결코 잊지 마라.

'자신의 허락 없이 누구도 나의 위대함을 짓밟지 못한다.'

07

진심이 결정한 5년 그리고 5분

당신은 이미 많은 것을 가졌다. 그런데 당신이 아직도 뭔가 부족함을 느낀다면 지금 당신에게 없는 게 있을 것이다. 사랑하는 사람, 돈, 시간, 가슴 뛰는 일 무엇이든 부족한 게 있다. 하지만 나는 그것보다 당신이 먼저 선택해야 할 게 있다고 생각한다. 그것은 바로 자신의 인생을 통째로 바꿀 '진심을 다한 5년의 몰입기'다.

"사람은 1년 동안 할 수 있는 일에 대해 과대평가하며, 10년 동안에 할 수 있는 일을 과소평가한다."

앤서니 라빈스의 말이다. 우리는 자신의 1년을 계획하고 실천함으로써, 자신의 위대한 10년의 변화를 만들 수 있다는 의미이다. 이런 '1년의 변화' 아니 '10년의 변화'를 어떻게 이룰 수 있을까? 그 답은 바로 '진심을 다한 몰입기'에 있다. 자신의 삶에 감사하고 주위에 친절하며 흔들리지 않는 평화를 지키고, 오로지 자신의 미래에 정직하게 몰입하는 진심이 바로 10년의 기적을 만들게 된다.

그런데 우리는 10년의 시간을 꼭 거쳐야만 자신의 삶을 통째로 바꿀 수 있을까?

〈파이브〉란 책을 보면 스탠퍼드 대학은 3, 4학년 학생들에게 5년 후의 삶을 그리게 했다. 왜 그들은 학생들의 5년 후를 그리게 했을까? 더불어 기업들도 3~5년 주기로 기업의 비전을 바꾼다. 왜 그들은 5년이란 시간을 공통적으로 이야기하는 것일까?

미켈란젤로는 단 5년 만에 '시스타나 성당벽화'를 그렸고, 셰익스피어는 20년 동안 희곡 37편, 소네트 154편(맥베스, 리어왕, 오셀로)을 지었지만 5년도 채 되지 않은 기간 동안 4대 비극인 〈햄릿〉, 〈오셀로〉, 〈리어왕〉 〈맥베스〉와 그 외 불후의 명작 5편을 완성했다.

모차르트 600여 곡 작곡, 베토벤 650여 곡 작곡, 바흐 1,000여 곡을 작곡했으며, 피카소 유화 1,800점, 조각 1,200점, 도자기 2,800점, 드로잉 12,000점을 남겼다.

에디슨은 1,093건의 특허를 냈고, 아마존의 창업자 제프 베조스는 서른 살 때 13평도 안 되는 아파트에서 시작해 5년 후 100억의 순수익을 얻었다.

이들의 공통점은 바로 '5년 동안의 몰입기'를 거쳤다는 것이다. 이 몰입의 시기 동안 많은 시도와 결과물을 통해 엄청난 성장을 이루었다. 요약하면 몰입의 시기를 통해 양이 질로 바뀌는 과정을 거치며 결국 엄청난 성공을 선물받게 된 것이었다.

당신은 '5년의 몰입기'란 말을 들으면 어떤 생각이 드는가? 자신의 인생을 통째로 바꿀 5년을 시작하고 싶지 않은가?

나는 '5년의 몰입기'를 들었을 때 엄청 흥분되었다. 100년을 살아야 하는데 5년을 투자해서 인생을 통째로 바꿀 수 있다면 투자해 볼 만한 게임 아닌가? 그래서 나는 2021년부터 '진심을 다한 5년의 몰입기'를 시작했다.

더 이상 나의 인생이 회사의 위기, 사회의 위기로부터 흔들리는 것을 허락할 수 없었다. 그래서 2021년부터 최고 수준의 도전을 시작했다. 육아휴직을 하면서 아내와 사업에 도전했고, 2022년은 자신의 한계를 부숴버리는 미친 실행력을 회사와 사회에서 실행했다. 그리고 지금 나의 진심은 '가슴 뛰는 삶을 향한 12권의 책 쓰기'로 향해 있다.

내 주변의 사람들은 "너무 무리하는 거 아니야?"라고 말을 한다. 이런 말을 들으면 나는 더 몰입한다. 왜냐하면 내 인생을 완전히 바꿀 '진심을 다하는 몰입의 5년'이 나와 내 주변은 물론이고 세상에 작은 점하나가 될 것을 알기 때문이다.

솔직히 힘이 들 때도 있었다. 22년에는 너무 무리를 해서 대상포진에 2번이나 걸리고 내시경도 몇 번이나 했다. 하지만 나는 5년 후의 삶을 상상하면 웃음이 나온다. 5년 후의 내가 지금의 나를 보며 '그래 잘하고 있어.'라고 말하는 모습이 생생하게 보이기 때문이다. 지금까지와는 다른 차원의 삶을 선택한 나의 5년에 절대 후회로 남기고 싶지 않다.

"혹시 당신은 더 높은 차원의 삶을 위해 지키는 원칙이 있는가?"

더 높은 차원의 삶을 살기 위해서는 '진심을 다한 5년의 몰입기'를 필요로 한다. 그리고 더 필요한 것이 있다. 바로 '5분 후의 삶을 결정하는 힘'이다.

나에게는 '인생의 5단어'가 있다. 감사, 친절, 평화, 정직에 '진심'이 더해졌다. 이 다섯 단어를 가지고 나는 나의 하루를 돌아본다. 아침에 일어나서 감사한 일을 찾고 미라클 확언과 감사일기를 쓴다. 건강하게 일어나고 '새벽의 기적'을 만들어가는 나에게 계속 감사한다.

새벽에 나를 일으키는 공부를 하고 책을 쓰는 이유는 단 하나다. 핵심역량을 최고 수준으로 올리기 위해서다. 새벽에 책을 쓰고, 생각의 깊이를 더하는 과정에서 만들어진 핵심경쟁력은 나의 당당함으로 자리 잡았다. 이런 당당함은 회사 일을 하면서 겪는 갈등의 상황을 잘 넘기게 한다. 친절과 연민으로 단련된 내 마음의 평화는 '5년의 몰입기'를 위해 존재하기에 나는 더 이상 흔들리지 않는다.

미래의 되고 싶은 나를 위해 '정직한 현재'에 몰입하며 모든 일에 진심을 다한다. 그리고 5분 후의 삶을 선택한다.

그런데 왜 5분 후의 삶일까?

사람은 자신의 미래를 바꿀 공부는 쉽게 잊어버린다. 하지만 감정은 과거, 현재, 미래에 엄청난 영향을 미친다. 에빙하우스의 망각곡선에 따르면 사람은 공부 후 1시간이 지나면 56%, 1일이 지나면 66%를, 6일이 지나면 75%를 잊어버린다. 기억의 유효기간이 있는 것이다. 더불어 인간의 집중력도 사람에 따라 다르지만 20~50분 정도이다. 기억과 집중에 한계를 가지고 있다는 뜻이다.

이런 인간의 기억과 집중력에 한계가 있음을 인정한다면 우리는 어떻게 해야 할까? 바로 집중할 수 있는 일을 정하고 집중할 수 있는 자극을 계속 줘야 한다. 또한 집중력을 보완하는 습관을 끌어들여야 한다.

성공자들이 가장 중요하게 생각하는 것이 있다. 바로 습관을 만드는 것이다. 그들은 자신의 성장과 핵심경쟁력을 기르는 습관에 집중한다.

어떤 사람도 성공의 계단을 한 번에 올라가지 못한다. 그래서 그들은 한 계단 한 계단 올라갈 때 두려움에 시간을 빼앗기기보다 해결하고 성장하는 자신을 더 사랑한다. 하지만 그들도 인간이기에 집중력과 기억력의 한계를 가지고 있다. 이런 한계를 극복하기 위해 그들은 새벽에 일어나 하루를 상상하고 계획한다. 자신의 모든 주위를 자신이 이루고 싶은 목표로 채운다. 그리고 이 모든 것을 습관으로 만드는 것에 집중한다.

《돈의 속성》의 저자 김승호 회장은 말한다.

"자신이 원하는 목표가 있으면 그 목표를 자신의 머릿속에서 떠나보내지 마라. 그리고 100일 동안 100번의 목표를 적어라. 모든 비밀번호를 자신의 목표로 바꿔라."

결국 성공자들은 이미 '자신의 5분 후가 흔들린다는 것'을 알고 있다. 그들은 아는 것에서 그치지 않고 자신의 인생에 몰입하기 위해 자신이 흔들리는 모든 곳에 자신의 목표를 만들어 놓는다. 철저하게 자신의 목표를 잊지 않는다.

당신은 어떤가? 5분이라는 자신의 한계를 인정하고 방황을 바로잡을 습관은 당신의 삶으로 끌어들이길 원하는가? 그렇다면 이제 당신의 지금을 선택하는 진심으로 5분 후의 삶만 신경 쓰면 된다.

당신에게는 지금도 무수히 많은 기회가 있다. 100세 시대가 열린 지금 인생 1막을 마치고도 10년씩 5번의 새로운 일을 할 수 있다. 당신이 30대든 50대든 70대든 상관없다. 그 어떤 나이도 도전하기에 충분하다.

'5년, 그리고 5분'을 잊지 않는다면 당신은 하루하루 성장할 것이다. 하지만 과거로 자신을 보내면 후회가 남고 미래로 자신을 보내면 현실이 초라해진다. 오늘은 초라해지기에는 너무나 소중한 시간이다.

5년을 기억하라. 그리고 진심을 다해 오늘에 몰입하라. 오늘은 어제 죽은 자가 그토록 원하는 내일이다. 그 오늘을 당신이 살고 있다는 것을 절대 잊으면 안 된다.

08
결국 당신의 진심이 이길 것이다

2022년 12월 30일 고요한 새벽에 눈을 떴다.

요즘 책을 쓰고 23년의 계획을 마무리해야 해서 보통 4시간밖에 자지 못한다. 원래 잠이 많은 잠보라서 아침에 나를 들어 올리는 시간이 무척 피곤할 때도 많다. 그런데 어제는 2023년의 슬로건을 정하려는 생각에 잠을 뒤척였다. 하지만 역시 새벽은 나에게 답을 준다.

아침에 초고를 마무리하던 중 문득 떠올랐다. '서 작가와 함께하는 열두 진심의 세상으로!'라는 슬로건이 떠올랐다. 12권의 책을 집필하는 것이 2023년의 나의 One Thing! One Dream!이다. 그 시작을 2022년에 했고 지금도 박차를 가하고 있다. 1년에 1권도 아니고 12권은 정말 무식한 목표다. 하지만 2025년까지는 지금처럼 무식한 축적기를 겪을 것이다. 그 힘으로 나는 2025년부터 새로운 세상을 열 것이기 때문이다. 그래서 나에게는 책을 읽고 책을 쓰며 회사를 변화시키는 치열한 하루하루가 미래의 나를 이끄는 친구다.

그런데 가끔은 이런 생각이 들 때가 있다.

"나는 왜 이렇게 미친 듯이 세상에 열정을 토하는 것일까?"

이 질문의 대답은 바로 '죽음'에 있다. 후회하지 않는 죽음을 맞이하기 위해 나는 묘비명을 지었다.

"해피프랜즈들과 한세상 잘 살다 갑니다."

이것이 나의 묘비명이다.

세상을 향한 열정이 묘비명이 되기까지 나에게는 가슴 아픈 과거가 있었다. 가슴 아픈 과거는 아직도 나의 마음속에 어린아이로 남아 있지만 예전에 나는 그 아이를 자세히 보지 못했다. 무엇이 진짜 나이고 무엇이 내 속에 담긴 상처받은 어린아이인지를 몰랐다. 하지만 죽음은 모든 것을 가르쳐 주었다. 죽음의 끝에서 시작한 나의 인생은 달라졌다.

죽음은 내 안의 미친 열정을 '오로지 진심'으로 바꾸었다. 그래서 나의 블로그명은 '오로지 진심'이 되었다. 어떤 경우에도 죽음을 맞이하기 전까지 후회 없이 살아가기로 다짐한 나의 모습이 바로 오로지 진심을 다하는 삶과 연결되었다.

나의 진심은 항상 무언가에 떨리고, 무언가와 공감한다. 하지만 그 떨림이 차가운 것과 만나면 따듯해지고, 탐욕과 만나면 선한 나눔과 연결된다. 이런 내 안의 진심은 자꾸 커져만 간다.

진심의 크기는 그릇의 크기이다. 좁고 얕은 진심에 돌을 던지면 상처를 받지만 깊고 넓은 진심에 돌을 던지면 잔잔한 물결만이 일렁인다. 아무리 돌을 던지고 무시를 해도 그렇게 넓은 진심의 본질은 사라지지 않는다.

나의 진심은 어제의 나도 오늘의 나도 지금의 나도 기억한다. 누군가는 나의 모습이 이해되지 않고, 조금은 순진해 보일지 모른다. 순진한 나의 진심은 날카로운 면도날이 아닌 세상을 살리는 진심이다. 나를 살리는 진심이다. 이 세상과 나를 향한 진심! 그것이 바로 '열두 진심'이다.

"그런데 '열두 진심'을 한마디로 말하면 뭐야?"라고 사람들은 묻는다. 잘 보이지 않기 때문이다. 하지만 나는 말할 수 있다.

'열두 진심은 바로 '진짜 나'다.'

열두 진심은 다채로운 색깔을 가진 '진짜 나'인 것이다. 사랑에서 시작한 진심은 세상을 만나고 관계의 터널을 지난다. 변화와 배움을 통해 스스로 결정하는 사람이 되고, 질문을 통해 배움과 새로움을 융합해 간다. 새로움의 융합은 도전하는 진심을 끌어들이고, 우선순위를 통해 누구도 무너뜨릴 수 없는 좋은 습관을 만든다. 이 습관은 나와 남을 변화시키는 나눔과 행복을 불러오고, 후회 없는 삶을 위해 '마지막 진심'을 다하는 위대한 여행을 떠나게 한다.

다채로운 진심은 때로는 빛나고 때로는 빛을 잃는다. 변화하고 성장하며 관계를 맺는 것, 일상을 살아가는 것 자체만으로도 우리는 위대하다. 때로는 세상과 다른 사람들과의 비교 때문에 그 위대함을 잊어버리고 방황도 한다. 하지만 그 방황의 방향도 결국은 진심을 향해간다.

당신의 진심은 그리고 나의 진심은 반드시 이길 것이다. 두려움이 찾아오고, 온갖 문제에 부딪혔을 때마다 단련한 나의 진심은 나약하지 않다. 누군가 나의 진심에 칼을 들이댄다면 아마 그 사람의 칼은 도리어 지신을 향하게 된다. 설령 나의 진심이 상처를 입는다 해도 두려워하지 않는다. 왜냐하면 진심에 난 상처는 더 큰 진심으로 성장한다는 깨달음을 벌써 얻었기 때문이다.

당신은 어떤가? 이제는 당신의 진심에 남은 인생을 걸어볼 용기가 생기는가? 천천히 시도하라. 〈열두 진심〉은 항상 당신의 곁에 있었고 당신을 더 큰 세상으로 이끈다. 지금 당신의 뛰는 가슴을 잊지 마라.

당신이 가진 진심은 강하다. 당신이 숨을 쉴 때, 지구가 돌아가는 것을 느낄 때 당신의 진심으로 돌아간다면 당신은 이미 위대한 사람이다. 오늘도 그 위대함으로 후회하지 않는 오늘을 여러분이 선택하기를 응원한다.

–열두진심 서작가

|에필로그|

삶은 외나무다리입니다. 조금 삐걱거리면 삶은 외나무다리 아래로 떨어지기도 합니다. 외나무다리를 건너면 내가 원하는 세계가 펼쳐지지만, 한길 낭떠러지를 용기를 가지고 건널 수 있는 사람은 많지 않습니다. 그런데 그거 아세요? 그 길을 걷는 사람들이 있습니다. 그 길을 계속 걷는 사람들이 있습니다. 그들은 어떻게 그 길을 걷는 용기를 냈을까요? 그 이유는 바로 간절함이라고 사람들은 말합니다. 간절함도 맞는 말입니다. 하지만 내가 생각하는 이유는 바로 '후회 없는 삶을 실천하는 의지' 때문이라고 생각합니다. 내가 죽음 앞에서 '후회하지 않는 삶을 살았다.'라고 말하겠다는 나와의 약속을 먼저 한 사람들이 이런 다리를 건너는 것입니다.

'삶과 죽음의 경계에서 후회하지 않는 삶을 살자.'

'어제보다 나은 내일을 위해서 1년에 한 가지 세상이 놀랄 만한 일을 하자.'

'나와 내가 하는 일이 분리되지 않는 정직한 인생을 살자.'

이 말들은 내가 내 인생에 계속해서 던지는 말입니다. 약속입니다. 이런 후회하지 않는 인생을 위해 그 밑바닥에는 죽음을 생각할 때 생각나는 흔들리지 않는 중심축이 있습니다.

모든 것을 제자리로 돌리는 한 단어가 있습니다. 바로 '진심'입니다. 어느 순간 나는 거대한 세상 속에서 나를 그냥 흘러가게 두고 싶지 않았습니다. 세상에 돌을 던지고 포기하는 과정에서 평범한 삶을 살고 후회하는 일을 하고 싶지 않았습니다. 그래서 내 가슴에 한 단어를 장착했습니다.

'오로지 진심'

진심은 일상이 나를 흔들고, 내가 규정한 나의 경계들을 파괴하고 확장시킵니다.

'형덕아! 이게 맞아? 네가 원하는 진심이 이거야? 후회하지 않을 자신 있어?'

이런 수많은 질문들을 나에게 던지고 그 질문의 중심에 있는 진심이 나에게 말을 합니다.

'그래, 포기하지 마. 타협하지 마. 사람들의 작은 속삭임에 흔들리지 마. 생각을 깊이 하지 않은 사람의 말이 너를 흔들게 하지 마. 네가 옳아. 책임져, 최후에 웃는 사람은 네가 되는 거야. 너의 그릇이 그 사람들보다 크단 말이야. 힘내 잘하고 있어.'

후회하지 않는 하루하루를 선택하는 일은 어렵습니다. 하지만 위대합니다. 나를 일으키는 진심이 그 선택 속에 존재하기 때문입니다.

'죽음 앞에 후회 없는 선택과 진심' 두 바퀴를 장착한 나의 하루는 강합니다. 때로는 유합니다. 이 두 바퀴가 자신의 그릇을 계속 확장시키고, 우리의 인생을 확장시킵니다. 계속 꿈에 도전하게 만들고, 하나하나를 이뤄가게 만듭니다.

"혹시 당신도 자신의 인생을 굴리는 두 바퀴가 있나요?"

만약 없다면 꼭 장착해야 합니다. 조용히 시간을 만들고 죽음을 생각하세요. 죽음 앞에서 나의 과거를 놓지 못한다면 과거와 화해하는 나를 상상하세요. 행복한 죽음을 상상하고 그것을 이룬 나를 상상하세요. 그리고 결단하세요.

'죽음 앞에 후회 없는 선택을 지금부터 한다.'라고 결단하세요. 그리고 자신의 한 단어를 정하세요. 흔들리지 않는 결단의 중심에 있는 당신의 한 단어를 정하세요. 당신은 정할 수 있습니다. 두려워하지 않아도 됩니다. 정하기만 한다면 당신은 어제와 다른 내일을 살게 됩니다. 믿으셔도 됩니다.

이 책에서 말하는 '열두 진심'은 우리의 인생에 필요한 주춧돌들입니다. 수많은 역경을 이겨내고 지금의 나를 일으키고 즐기게 만드는 원동력입니다. 가지지 않는 사람과 가진 사람이 명확히 다른 인생을 살게 만드는 비밀의 열쇠입니다.

똑같은 자기계발서가 아닙니다. 영혼을 갈아 넣어서 만든 단 한 권의 책입니다. 이 한 권이 여러분의 인생을 분명히 레벨업할 것입니다. 이 책의 한 페이지 한 페이지가 당신의 인생을 우뚝 서게 만들었기를 진심을 다해 기원합니다. 감사합니다.

마지막으로 나는 다짐합니다.

'살아 있을 때는 감사하는 사람이 되고 죽어서는 그리운 사람이 되자.'

–열두 진심 서작가

해피프랜즈들과 한세상

—열두 진심 서작가

내가 원하는 시간에
내가 원하는 삶을 선택하고
타인의 삶을 지지하는
시간에 의미를 부여합니다.
죽을 때 감동을 남길 수 있다면
그 또한 축복입니다.

하지만 그렇지 않더라도
하늘을 보며 부끄럼이 없이
나를 세우고
하늘을 향해 가는 그 길이
외롭지 않게
누군가의 손을 잡고
함께 갑니다.

여러 개의 갈림길에서
방향을 잃었다면 가벼운 커피 한 잔으로
또다시 나를 만납니다.

그리고 멀리 바라봅니다.

한 송이 꽃과 마주하며
환하게 웃고 평생을 함께할 도서관의 향기에
나를 물들입니다.
그리고 나를 변화시키는 도전과 도전을 계속합니다.

그 도전의 길에
피어나는 꽃들과
함께 웃으며 나아갑니다.

살아서는 감사한 사람이 되고
죽어서는 그리운 사람이 됩니다.
그 길에서 만난
모든 분들께 감사하며 응원합니다.

그리고 마지막 돌 위에 한 마디를 남깁니다.
'해피프랜즈들과 한세상 잘 살다 갑니다.'